幕末・明治 激動の25年

明治維新の実像

和 邦夫
Yamato Kunio

一般財団法人 大蔵財務協会

まえがき

幕末から明治にかけての25年間は、日本が近世から近代に移行する激動の時代であった。徳川幕府は、１８５３年のペリー来航を契機として開国に踏み切った。正しい判断であったが、統治力の劣化から通商条約締結にあたり天皇の権威を頼った。しかし、孝明天皇は条約締結を承認せず、このことが尊王攘夷運動を惹起、その先鋒に立ったのが長州であった。やがて、薩摩も幕府に見切りをつけ、長州と結び、薩摩が主力となって天皇を擁して徳川幕府を倒した。

倒幕後、薩長土肥勢力を中心とする新政府が、その基礎を固めるのには凡そ10年を要した。西南戦争を経て基礎固めが一応出来たと言えよう。そして、この時期に、維新の三傑と言われ、維新群像の中で抜きんでた存在であった木戸孝允、西郷隆盛、大久保利通が相次いで世を去った。

本書が記す１８５３年のペリー来航から１８７７年の西南戦争までの25年間は、まさに、息つく間もない激動、激変、革新の時であり、日本の歴史上、時代転換の一つの節目であった。

この舞台に登場した人々が、時代の流れをどう創っていったのか、或いは、流されていったか、興味尽きないものがある。
明治維新の実像をご一読頂ければ幸いである。

目次

序章

第1章　幕末15年〜開国と尊王攘夷、徳川幕府の衰退

第1節　徳川幕府、開国策へ　22

1　米国ペリーと露国プチャーチンの来航　23

2　水戸斉昭、島津斉彬　26

3　ペリー再来航と神奈川条約（日米和親条約）　32

4　老中阿部正弘　34

第2節　ハリス、日米修好通商条約　36

1　堀田正睦、ハリス着任、篤姫輿入れ　36

2　日米修好通商条約　37

3　朝廷へ条約承認を要請、孝明天皇の反対　42

第3節　井伊大老の決断　48

1　井伊直弼大老就任　48
2　将軍後継家茂決定と日米修好通商条約調印　48
3　安政の大獄　53
4　遣米使節団　61
5　桜田門外の変　62

第4節　老中安藤信正　63
1　和宮降嫁　63
2　英国の進出　64

第5節　薩摩藩島津久光上洛、江戸出府　65
1　久光上洛　65
2　西郷隆盛の奄美大島から帰鹿と沖永良部島流罪　67
3　久光、江戸出府　69

第6節　京都、攘夷派席捲　71
1　長州藩攘夷へ、過激攘夷派公卿三条実美など　71
2　将軍家茂上洛、攘夷回答　73
3　長州の米仏蘭艦船砲撃と薩英戦争　75

第7節　8月18日の政変、横浜閉港問題　77
1　文久3年8月18日の政変　77
2　将軍家茂上洛、横浜閉港問題　81
第8節　禁門の変と4国艦隊長州砲撃　86
1　禁門（蛤御門）の変　86
2　4国艦隊長州下関砲撃　88
3　水戸天狗党　89
第9節　長州征伐　91
1　長州征伐発令　91
2　征長参謀に西郷起用、西郷の和平交渉　93
3　長州藩政変（元治内戦）　94
4　桂小五郎（木戸孝允）　95
第10節　条約勅許　97
1　300万ドル賠償を巡る英国公使パークスと幕府の交渉　97
2　条約勅許、関税引下げ　98
第11節　第2次長州征伐　100

1　第2次長州征伐へ　100
2　開戦と休戦　102
第12節　薩長盟約　104
1　薩長三角貿易　104
2　薩長盟約　106
3　坂本龍馬　108
4　薩摩の財政　109

第2章　幕府体制の終焉、討幕

第1節　慶喜将軍就任、孝明天皇崩御、明治天皇践祚　112
1　慶喜の幕府陸軍改革　112
2　慶喜将軍就任　113
3　孝明天皇崩御、明治天皇践祚　113
4　兵庫開港と長州寛典問題　115
第2節　大政奉還　117

1 土佐、薩摩の動き 117
2 慶喜、大政奉還 121
第3節 倒幕への動き 123
1 討幕の密勅 123
2 大政奉還後の動静 125
3 坂本龍馬暗殺 126
4 薩摩主導の倒幕へ 128
第4節 王政復古のクーデター 129
1 王政復古のクーデター 129
2 慶喜の対応 132
3 薩摩の江戸攪乱、藩邸焼失～鳥羽伏見開戦へ 134
第5節 鳥羽伏見戦～戊辰戦争始まる 136
1 戦前の状況 136
2 鳥羽伏見戦 137
3 何故、慶喜は大阪から撤退したのか 140
第6節 鳥羽伏見戦後の新政府（朝廷）、幕府の動き 142

1 新政府（朝廷）の動き 142
2 新政府の治世 143
3 赤報隊 144
4 江戸に戻った慶喜、篤姫、和宮の動き 145
第7節 京都新政府の動き 149
1 新政府内の公武の軋轢 149
2 大阪親征行幸、祭政一致回復など 152
第8節 東征軍江戸へ、江戸城開城 154
1 新政府軍江戸へ 154
2 五か条の御誓文、五榜の掲示 155
3 江戸城明渡し交渉 156
4 江戸城明渡しと幕府解体 163
5 上野彰義隊戦争 166
第9節 東北越後戦争 168
1 奥州列藩同盟成立 168
2 東北越後戦争 171

3　戦後処理　175
第10節　箱館戦争　177
1　蝦夷共和国誕生　177
2　箱館戦争　178

第3章　幕藩体制解体、新しい国家建設

第1節　新政府初年の政府統治組織構築　184
1　慶応4年1月17日の改革　184
2　同年閏4月21日の政体書による改革　186
3　下局（公議所）、上局整備の動き　189
4　明治2年5月13日　官吏公選　191
第2節　改元、江戸遷都　193
1　江戸を東京と改称、天皇即位の礼、明治改元　193
2　天皇東幸、還幸、再東幸　195
3　東京の状況　196

4 戊辰戦争後の西郷隆盛 197
第3節 版籍奉還 198
1 版籍奉還への動き、薩長土肥4藩主の版籍奉還建白書 198
2 版籍奉還～国是会議開催、版籍奉還申出、勅許 201
第4節 職員令官制改革、大隈財政 203
1 職員令による官制改革 203
2 政府軍創設議論 206
3 大隈重信の財政 208
4 大久保・木戸帰国、長州内乱 210
第5節 西郷新政府に、御親兵設置、廃藩置県、官制改革 213
1 藩制布告 213
2 西郷新政府に登場、御親兵設置 214
3 廃藩置県 217
4 官制改革 221
第6節 岩倉使節団派遣 223
1 使節団派遣に至るまで 223

2　使節団の動き　226
第7節　民政諸施策の展開　229
1　明治初の近代化諸施策の展開　229
2　使節団留守中の諸施策の急展開　231
3　明治6年5月の政変　237
4　地租改正　239
5　長州閥の腐敗　241
第8節　征韓論、明治6年の政変　244
1　問題の発端　244
2　留守政府内の議論　246
3　征韓論の展開と明治6年の政変　248
第9節　大久保政権　252
1　大久保政権発足　252
2　士族反乱と外征—明治7年　254
3　漸次立憲体制整備、政体整備　258
4　内務省体制整備など　261

第10節　樺太、琉球、江華島問題　262
1　樺太帰属問題　262
2　琉球帰属問題　263
3　江華島事件と日朝修好条規　264
4　士族反乱～熊本神風連の乱、秋月の乱、萩の乱　265
第11節　西南戦争、西郷の死　267
1　戦争まで　267
2　西南戦争　268
第12節　木戸、大久保の死、明治天皇　274
1　木戸孝允、大久保利通の死　274
2　明治天皇　277

終章

あとがき　285

幕末・明治時代年表　287
参考文献　290

序章

明治維新の始期と終期については諸説がある。私は、ペリー来航（1853年）から西南戦争（1877年）、大久保暗殺（1878年）までの四半世紀を維新激動の時代と捉えたい。この間に、250余年続いた徳川幕府が倒れ、新政府が出現、明治政府を樹立するに至った。節目は3つある。

イ　ペリー来航で神奈川条約（日米和親条約）、ハリスとの交渉で安政条約（日米修好通商条約）が締結され、幕府政権下、日本は鎖国から開国へと踏み出した。条約締結は「先進諸国の武力、経済力に抗し得ず、やむを得ない」というのが当時の幕府首脳の感覚であり、積極的開国決断ではなかった。

当時、朝廷には全く実権はなく、通商条約締結は幕府専権で行い得ることであったにも拘わらず、鎖国という永年の慣行を破る決断について、幕府首脳の政権運営への自信のなさから、幕府では前例のない諸大名、旗本などの意見を徴し、孝明天皇の勅許を求めた。これが幕府没落の引き金となった。

華夷思想に立つ孝明天皇は通商条約締結に反対、破約（攘夷）を求めたが、攘夷に与する人々が天皇支持、攘夷と尊王と結びつき、永年、幕府に怨念を抱く長州藩、公家を始めとする国内不満分子に火をつけ、また、水戸、越前、尾張、薩摩、長州、土佐など有力大名の幕政へ介入を許すこととなった。

家定、家茂と決断力、統率力に欠ける将軍が続き、英明との声望の一橋慶喜が、徳川幕府を代表する人物として幕府と朝廷の間に立って政治の舞台で動く。

慶喜は基本的には尊王、開明思想の持主であるが、情勢により、態度を頻繁に変える人物でもあった。

京都では長州が朝廷を動かし過激な攘夷行動に出たが、長州の行動に反感を持つ勢力による政変で京都から放逐された。長州は反撃（禁門の変）するが敗れ、幕府は長州征伐を布達。第1次戦は西郷が不戦のまま収めたが、第2次戦は多くの有力諸大名の賛同を得られないまま幕府は開戦、初戦で長州軍に敗れ、幕府の威信は大きく揺らいだ。薩摩は幕府を離れ長州と結ぶことを選択する。

ロ　慶喜が将軍就任、自らを過信、大政奉還を行い、それを機に薩摩は天皇を擁して倒幕に踏み切る。

慶応3年12月9日　薩摩を中心に王政復古のクーデターが起こり、王政復古を宣言。慶喜は京を引き払い大阪城に入った。

この時点では、大阪城の慶喜幕軍は、兵数、装備において薩長に格段に優り、また、海軍が大阪湾を押さえていることから戦えば勝てる情勢にあった。王政復古を宣言した朝廷側も、この情勢を踏まえ、慶喜を新政府要人（議定）に迎えざるを得ないと決めていた。

にもかかわらず、乃至、それだからこそか、慶喜は開戦。

鳥羽伏見戦では、初戦は押されたが敗れたわけではなく、勝目はあったにもかかわらず、錦旗が薩長軍に立ち自軍が賊軍と呼ばれたことが主因で、尊王意識の慶喜は浮足立ち、首脳部と共に江戸へ遁走。追随して幕府軍も引き揚げ、天下の流れは決まった。慶喜の一貫性のなさ、弱さによる幕府倒壊である。

新政府軍は、江戸城入城、薩長主導の新政権を認めようとしない長岡、仙台、米沢、会津、庄内など東北諸藩を征し、明治2年には箱館戦争を終結、親徳川幕府武力を一掃、新政権を樹立した

ハ　新政府は、明治へ改元、東京遷都を行うが、封建体制終焉、新体制建設のためには版籍奉還、廃藩置県が必要であった。
明治2年には版籍奉還、3年に御親兵（近衛兵）設置、この武力を背景に、4年に廃藩置県を実現、大きな混乱なく新政府統治の素地を固めた。武士政権、封建支配体制が既に時代に合わないものとなっていたこと、そして、藩支配層の能力の劣化と藩財政の窮乏による。

新政府は、統治基盤の整備、封建身分の廃止、開化政策を進めるが、藩の崩壊、武士身分喪失による士族の不満、薩長藩閥政府に対する不満から要人暗殺・反乱、政府の開化政

策にたいする庶民の一揆が頻発、その集大成として明治10年　西郷の西南戦争が勃発する。大久保を中心とする新政府はこれを乗り越えた。

明治10年　維新の三傑とされる木戸が病没、西郷は西南戦争で戦没、11年には大久保が暗殺され、一つの時代（明治維新）は終わった。

ニ　明治維新をどう捉えるか。民族の独立確保のためなされた民族革命、封建制社会から資本主義社会、或いは、立憲君主制、更に、民主主義社会への変革の一歩、天皇主権の回復など様々な見方があろうが、本書の記す明治維新の実像から判断頂きたい。

幕末の主な藩名と所在地

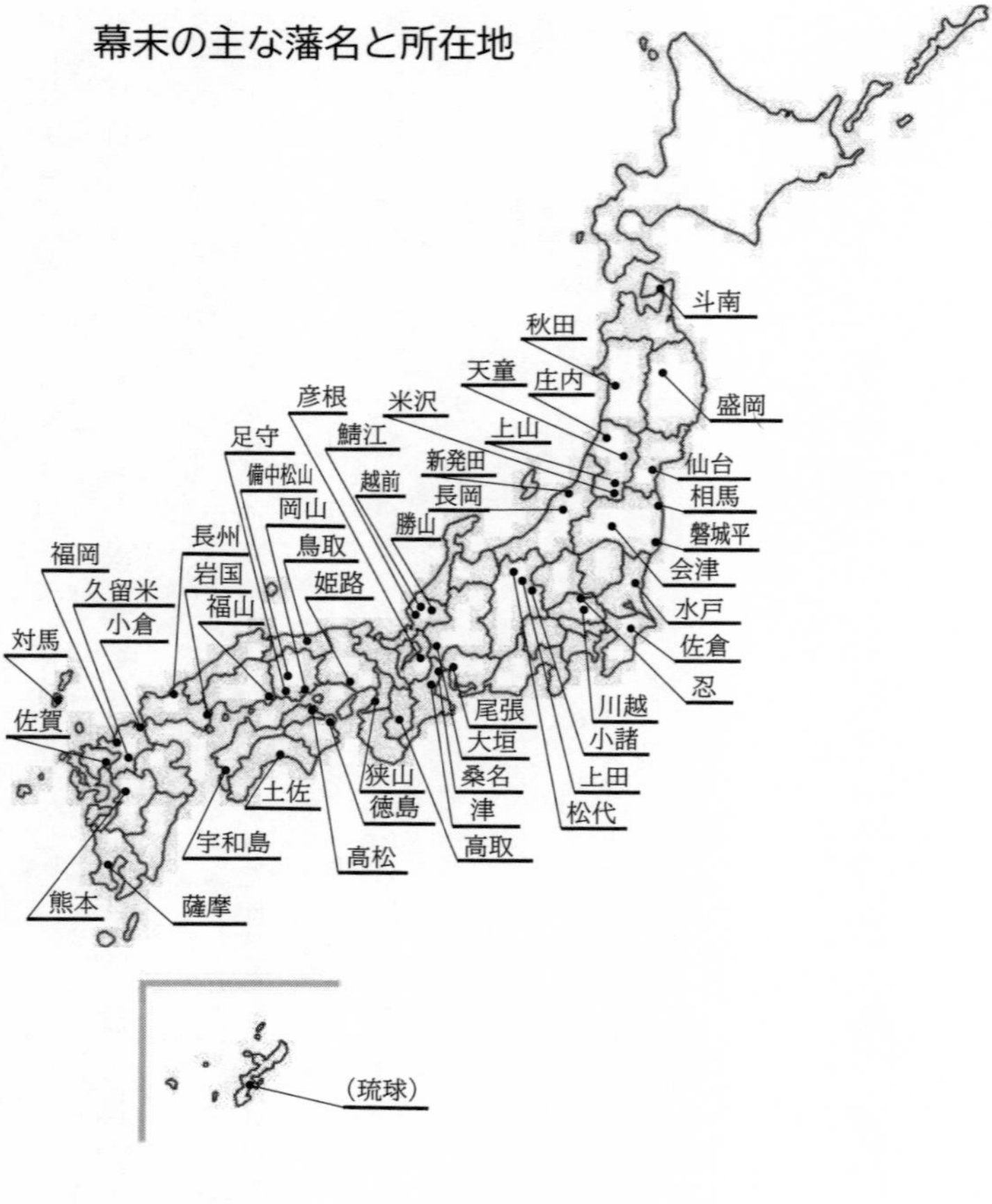

第1章

幕末15年
～開国と尊王攘夷、
徳川幕府の衰退

第1節　徳川幕府、開国策へ

江戸時代は近世、明治以降は近代と呼ばれる。明治維新は、丁度、時代が大きく変転する時にあたる。

江戸時代の国政は天皇から徳川将軍に委任（大政委任）され、幕府が国政上の全てを決定、実行し、幕府は公儀と呼ばれた。

徳川宗家当主が征夷大将軍に任じられ政権を担い、幕閣（老中）が政治運営を行う体制は１６００年代後半に確立、大名は将軍から領土（武力、年貢徴収権を持つ領地）を安堵され、将軍と主従関係を結ぶ封建体制が続き、朝廷は無力であった。

外国との交易は長崎での蘭国（年2隻）、清国（年10隻）、通信は琉球（薩摩藩担当）、朝鮮（対馬藩担当）の4か国に限る鎖国政策をとってきた。

徳川支配の封建体制も江戸中期以降、商品経済が発展、商業資本が成長、農業生産を基盤とする武士の経済的基礎が次第に不安定化し、１８３０~４０年代（天保期）には社会的な様々な矛盾が表面化していた。そして、支配体制が大きく揺らぎ、幕府倒壊、新政府成立へ動く始まりが、１８５３年の米国東インド艦隊の浦賀沖到来であった。

１　米国ペリーと露国プチャーチンの来航

イ　ペリー来航

・１８５３年（嘉永6年）６月３日　米国の東インド艦隊司令官ペリー率いる4隻の軍艦（旗艦サスケハナ）が浦賀沖に来航、戦闘態勢で投錨、測量を始めた。浦賀奉行所（奉行2人、与力14騎、同心74人体制）の与力中島三郎助が米国艦隊副官コンテ―大尉に、外交は長崎で扱うと述べ退去を要請。翌日、与力香山栄左衛門がサスケハナを訪れ、艦長ブキャナン中佐、参謀長アダムス中佐に「浦賀ではフィルモア大統領の国書（米国との交易、米国船舶及び自国船遭難民の保護、自国船の日本寄港・石炭食料補給することの許可要請）を受け取ることは出来ない」として長崎回航を求めた。

米国側は、「国書はこの場で渡す、拒否するなら兵を率いて上陸、江戸に出向いて幕府に国書を奉呈する、鎖国を墨守するなら武力攻撃する」と表明、「江戸の問い合わせのため3日の猶予を与える」とした。

ペリーは大艦隊編成で幕府に威嚇を与える考えであったが、中国における太平天国の乱で軍艦の一部を中国とどめ置かざるを得なかったことから、来日を2度に分けることとしたとされる。

・ペリー来航以前にも、１８４４年に蘭国王から開国勧告の国書、１８４６年には仏インドシナ艦隊セシル提督が琉球に来航、通交を求める旨が薩摩藩経由で伝えており、また、同年、米ビットル艦隊が浦賀に来航、通商を求めたが、幕府は拒絶した。
・ペリー艦隊来航については、蘭が1852年提出の蘭別段風説書（長崎出島館長提出）により中国経由で最大9隻での来日情報を提供、日蘭通商条約を要請したが幕府は黙殺している。
老中阿部正弘（備後福山藩主10万石）は、この情報を、江戸湾防衛担当の彦根、会津、川越、忍藩、長崎警備担当の福岡、佐賀藩、琉球支配の薩摩藩に伝えたが、ペリー来航に対して避戦の方針以外には特段の備はしなかった。
・米国軍艦の軍事力を見た幕府は、老中阿部正弘が幕閣を説得。6月9日　久里浜で、浦賀奉行井戸石見守弘道、戸田伊豆守氏栄《うじよし》が大統領国書を受け取り、ペリーは明年4月か、5月の再来訪を告げ、6月12日　離日。

ロ　ペリー来航への幕府の対応

・老中首座阿部正弘は大統領国書の和文訳を回覧、諸大名に外国との通商・開国につき意見を求めた。幕臣、諸藩士、一般庶民にも意見申出を求め、朝廷にも事態を報告した。諸大名からは250、幕臣から450、江戸市民からも意見が寄せられた。

島津斉彬は、「打払は必勝おぼつかず。３年程返答を引延ばし、海防を厳にし、しかる後に打払うべし」。水戸斉昭は、「交易は国力を衰えさせ、人心を惑わす」として、返答延伸して軍事力増強・挙国一致を主張。

長州藩毛利慶親《たかちか》は通商断固拒否、彦根藩井伊直弼は海軍充実・人心一新、佐倉藩堀田正睦《まさよし》は交易して軍備充実、越前藩松平慶永《よしなが》（春嶽　田安家出身）は交易反対、上田藩松平忠優《ただやす》（改名して忠固《ただかた》、１８４８年から老中、１８１３〜５９年）は和平・交易主張。勝麟太郎は開国・交易・海防・軍政改革・人材登用などの意見（海防意見書　大久保一翁の目にとまり勝が世に出るきっかけとなったとされる）を提出。

意見は概ね避戦論と言えようが、回答延伸、限定承認、要求拒絶、開国など多岐にわたるものであった。

幕府が重要事につき諸侯に意見を求めたことは、今回の事態に幕閣だけでは対応しきれないことを示したことであり、諸大名の幕政関与の途を拓くことになった。

・水戸斉昭を評価する阿部正弘は斉昭を海防掛参与に任じようと老中評議に諮る。松平忠優は「斉昭を参与にすれば老中の合議を無視、独断するであろう、老中人事にも介入しよう」と反対、牧野忠雅、松平乗全《のりやす》が同調。久世広周は阿部に賛同。家慶は斉昭嫌いで斉昭登用に反対であったが、７月３日　斉昭は海防掛参与に任ぜられた。

・6月22日　12代将軍家慶病没（61歳）。10月23日　13代将軍に家定就任。

ハ　プチャーチン来航

・1853年7月18日　露海軍提督プチャーチンが遣日使節として皇帝ニコライ1世の国書を携え、旗艦パルラダ号以下4隻の艦隊で長崎へ来航。幕府は国書受理。将軍家慶の死去を伝え回答の遅れること伝達。クリミア戦争勃発で露艦隊は10月に長崎を離れ上海へ向かうが、12月5日　長崎へ再来航。

・露は択捉島の帰属確定と江戸近辺の2港開港を要望。日本側は勘定奉行兼海防掛川路聖謨《としあきら》、大目付格筒井政憲、長崎奉行大沢乗哲、水野忠徳と6回交渉。交渉はまとまらず、中断、露は春の再来日を伝えて、翌年1月7日　長崎を去った。

2　水戸斉昭、島津斉彬

イ　水戸斉昭と水戸学

①　水戸斉昭

・9代水戸藩主斉昭《なりあき》（1800～60年）は、7代治紀《はるとし》の三男。8代の兄斉脩《なりのぶ》の死去で藩主の座に就いた（1829年、30歳）。

藩主就任については、将軍家斉の子の清水恒之丞を迎ようとする重臣（幕府からの財政援助を期待）もあり、藤田東湖などが斉昭擁立に奔走した。斉昭は藩主就任後、擁立派を登用。

・斉昭は天保改革（家臣の江戸常府廃止（水戸と人事交流）、天保検地（農地の実情に合わせた検地）を実施、天保大飢饉を飢餓者0で乗り切ったとされる。その後、軍政改革（鉄砲中心、海岸防御）、弘道館建設などを手掛けたが、幕府の方針に反する敬神廃仏の宗教改革を行い、１８４４年5月　幕府から隠居謹慎処分を受けた。

・内戦外和論（国内向けには攘夷を唱えて人心を引き締め、軍事力に勝る外国とは和する）を唱えた。斉昭は、世間からは学識、実力を備えた藩主と評された。公子時代に会沢正志斎を師とする。

藩内には革新派（藤田東湖などを中心とした尊攘派）と保守派（佐幕派）が存在。斉昭は革新派であったが、藩論統一はとれてはいなかった。

・阿部正弘は斉昭に近づき懇意の仲となった。ペリー来航時の国書受理について、斉昭は、「衆議の後に決する他なし。皆が了解すれば自分は反対しない」と阿部に述べたとされる。

・子息の慶喜《よしのぶ》（よしひさ、けいき）の将軍擁立、京都公家達へ攘夷思想の伝播に力を注ぎ、大老井伊直弼と対立、幕府首脳との関係を損ねている。女癖で大奥には不評。独断専行、烈公と諱される性格であった。

②　会沢正志斎

・会沢正志斎（1782～1863年　水戸下士出身）は、後期水戸学の権威、儒学者。斉昭達諸公子の侍読（教育係）。斉昭藩主擁立に関与。1830年　郡奉行、31年　側近の御用調役、その後、学者に徹する。

・事を起こすには巨視的かつ長期的展望を持たねばならぬこと、祭政一致の理念厳守を説く。国家の大事は祭祀と戦争、祭祀は尊王、戦争は攘夷とし、天皇を国民統合の象徴に戴き、諸藩が結束して外夷に対峙すべきとする尊王攘夷派。しかし、徳川幕府支持を基本的立場（尊王敬幕）とした。西郷隆盛、横井小楠、橋本左内、吉田松陰など多くの人物が会沢を訪れている。

　著書新論は、「日本は太陽の昇る国、万世一系の皇統の神州で万国に優越、世界の元首になるべき。日本の国体は神道と政治が一体化した祭政一致であるべき」などを説き、幕末尊王攘夷志士に広く読まれた。

③　藤田東湖

・藤田東湖（1806～55年）は会沢と並ぶ後期水戸学の権威。

水戸斉昭を敬仰、斉昭の側用人となり、藩政改革の中心人物であった。安政大地震で江戸小石川藩邸で圧死。東湖の死で斉昭は藩内を取り纏める人物を失い、以後、藩内の分裂、対立が激しくなっていった。

・東湖は徳川幕府支持の基本的立場に立つが、激越な尊王攘夷派。神儒一致の方針を標榜。本居宣長（国学）の所説を取り入れ、古事記の記述は疑うべからざる真理とする。会沢同様、多くの人物が東湖を訪れている。正気歌《せいきのうた》「天地正大の気、粋然として神州に鐘《あつま》る。秀でては不二嶽となり巍々として千秋に聳え～、神州たれか君臨す、万古天皇を仰ぐ～」は、幕末志士を鼓舞した歌として有名。

④　水戸学

・水戸学は光圀の「大日本史」編纂事業の中から成立した学風。南朝正統の立場。儒教的歴史学。後期水戸学は幕末に斉昭、正志斎、東湖などを中心とする思想。水戸学は後期水戸学に限定すべきともされる。

・後期水戸学は幕末の尊王攘夷運動の思想的背景、推進力となった。正志斎、東湖は尊王敬幕で徳川幕府擁護を基本的立場としたが、尊王を追求すれば究極的には倒幕に至る。幕末志士からは尊王攘夷の思想と理解された。その後、昭和のファシズムの時代には顕彰されたが、戦後は嫌悪される。

ロ　島津斉彬

①　島津斉彬

・島津斉彬《なりあきら》（1809～58年）が薩摩藩11代藩主となったのは、1851年、斉彬42歳の時であった。斉彬は、開明派大名、蘭癖大名として著名、西郷隆盛を抜擢、明治維新推進への因となった人物として知られるが、その藩主承継は難航した。10代藩主父の斉興《なりおき》が42年間藩主の座にあり、世継として幕府に届けも済ませた（1812年）嫡男斉彬にその座を譲らなかった。

・斉彬は永い世子の時代を江戸で過ごし、この間に、老中阿部正弘、水戸斉昭、越前藩主松平春嶽、宇和島藩主伊達宗城などと親しい関係を築いている。一橋家当主斉敦《なりあつ》の娘の英《ふさ》姫《ひめ》（12代将軍家慶の従姉弟）を室に迎えている。

1824年には将軍家斉の一字を賜り斉彬と名乗る。

②　藩主承継まで

・8代藩主重豪《しげひで》（室は一ツ橋家初代宗尹《むねただ》の娘保姫《やすひめ》）は、5代継豊の室竹姫（5代将軍綱吉の側室の養女）に養育された。竹姫は重豪に、「側室に娘が生まれたなら徳川家に輿入れさせるよう」遺言。1773年　茂姫（1773～1844年）が生まれ、3歳で一ツ橋治斉の嫡男豊千代（家斉）と婚約。81年　家斉、茂姫は西の丸御殿入った。87年　家斉が将軍になる直前、茂姫を五摂家の一つの近衛経熙の養女とし、同年4月　家斉は11代将軍就任、89年婚儀。重豪は将軍の岳父となり、重きをなした。

重豪は蘭癖大名として著名。極端な出費により藩財政は1829年には5百万両の借財を生じた。重豪（1833年没）は、晩年、城下士の調所広郷《ずしょひろさと》（1776～1849年）を側近に登用（1828年）、財政改革の主任とした。調所は、10代斉興の治世下、唐物貿易拡大、密貿易、借金を密貿易の利権を絡ませて250年賦・無利子化、砂糖専売、薩摩焼増産などで財政を立て直し、1844年には50万両備蓄、家老にまで昇進した。

・斉興は、蘭癖の斉彬が藩主となれば重豪同様に再び財政悪化を齎す恐れがあると考えて継承を長引かせていた。また、愛妾のお由良（江戸麹町八百屋の娘）との間に生まれた五男久光（斉彬の8歳下）を寵愛、このため久光後継派が生まれ、斉彬派との抗争が生じた。

・1848年　斉彬派が藩の密貿易を老中阿部正弘に密告。阿部は斉彬の早期藩主就任を望み、薩摩藩の密貿易（幕府は先刻承知の事実であったが）を追求、調所から事情聴取するが、調所急死（1849年）。藩主に追及の手が及ぶのを防ぐため、一人で責任を負っての服毒自殺とされる（調所は久光派）。

・斉興の正室（鳥取藩主池田治道《はるみち》の娘）の男子が次々夭折、それはお由良の呪詛によるとの噂が流れ、斉彬派が斉彬の藩主就任を阻むお由良と重臣たちの殺害を目論むが露見（1

850年1月)、赤山靱負《ゆきえ》など6人切腹、50余人処罰。大久保一蔵の父も遠島処分となっている(お由良騒動)。

斉彬派の数人が脱藩、福岡藩主黒田斉薄《なりひろ》(重豪の子息)に縋った。斉薄は薩摩お家騒動を老中阿部正弘に伝え、幕府がお家騒動に介入。12代将軍家慶から斉興に茶器下賜(隠居催促を意味する)、斉興隠居、斉彬藩主就任(1851年)となった。

③ 斉彬藩主就任

1851年 斉彬藩主就任、お国入り。近代化推進、殖産興業、洋式軍備など施策実施。西郷、大久保などが人事刷新を求めて動くが、斉彬が幕府の介入を招く軽挙妄動を諭し、このことで西郷が斉彬の視野に入ったとされる。1854年(安政1年)斉彬は、西郷を従えて江戸出府、中央政治の舞台に登場、幕政に積極的に関与していく。

3 ペリー再来航と神奈川条約(日米和親条約)

イ ペリー再来航

ペリー艦隊は、離日後、琉球に寄り、武力で威嚇、貯炭所建設を認めさせ、香港に戻った。

プチャーチンの情報にも接し、ペリーは、常識外の冬の荒天気に帆走を下命。1854

年（安政1年）1月16日　香港から琉球経由、軍艦7隻で来日（その後2隻到着）、江戸湾に入り、金沢沖に投錨。羽田沖に来て、1月25日　ワシントンの誕生祭と称して100発の祝砲で江戸市民を驚かせた。

幕府は、来日が予定より数か月早いこと、将軍代替わり（家慶から家定）の政局混乱を理由に出直しを申し入れるが、ペリー拒否。

ロ　神奈川条約（日米和親条約）締結

・交渉開始に先立ち、老中松平忠優、久世広周は3〜5年後に交易開始を条約に含めるべきと主張、斉昭は反対。阿部は通信通商は行わないと決定。

横浜村に建てられた条約館で日米条約交渉開始。日本全権代表は林大学頭復斎。2月10日から4回交渉。

林は、「我が国に外国から輸入しなければならない物はない。通商の必要はない」と主張、通商は断った。

・3月3日（新暦3月31日）　神奈川条約（日米和親条約）締結（12条）。

日米の永世不朽の和親、下田・箱館への寄港・滞在許可、薪水・欠防品供与・入用物資の金銀対価による供与、遭難船救助、領事駐在、片務的最恵国待遇（日本側のみ相手国に最恵国待遇を与える）などを規定。ペリーは将来の通商開始の可能性を開いたものと考えた。幕府は譲歩可能な範囲内で交渉を妥結。孝明天皇も条約調印の報告を受け、了承した。

・8月　斉昭の要請で松平忠優、乗全老中罷免。

斉昭は軍制改革及び政務参与任、隔日登城、政務全般に関与。

・8月　日英和親条約、12月　日露和親条約締結（露は、領土拡張も目的としており、日本との国境を択捉島とウルップ島の間と定め、サハリン（樺太）は国境を定めず、両国共同の領土とした）。翌年　日蘭和親条約締結。

・1854年2月　クリミア戦争勃発。カムチャッカ半島のペトロハブロクスクを英仏連合艦隊が攻撃、英国艦隊の露艦隊追撃などが生じ、日本近海には多数の外国軍艦が航行。幕府は軍事力不足を自覚、クリミア戦争には関わらない立場をとり、列強各国と等距離の慎重な外交政策をとった。

4　老中阿部正弘

阿部正弘は、1843年　25歳で老中に就任。水野忠邦の後、老中首座（27歳）、異例の人事であった。正弘は寛裕の雅量に富むと評される俊才。幾つかの幕政改革を試みている。

イ　優秀な若手を登用。

水野忠徳《ただのり》、永井尚志《なおゆき》、岩瀬忠震《ただなり》、戸田氏栄《うじひで》、井戸弘道、筒井政憲など主体的に諸外国との交渉にあたるべきと考える昌平黌（最新の海外情報を集積していた）出身者、川路聖謨（日田代官所の役人の子）、江川英龍（太郎左衛門）など現状維持基本に譲歩を探る「ぶらかし（はぐらかし）」派、勝海舟、大久保一翁、井上清直などの異才の人材を登用。彼等は幕末の幕政で活躍した。

ロ　諸改革と阿部の病没

・1853年9月15日　大船建造禁止令解除。幕府は、蘭から軍艦購入、洋式海軍創設。各藩も追随。

1854年7月　陸軍軍制改革掛設置。

1855年10月　長崎海軍伝習所設立。九州、中国、四国の大名家臣も受け入れ。勝海舟、中島三郎助、川村純義・五代友厚（薩摩藩）などが学んだ。

同月　老中首座を堀田正睦（佐倉藩主、蘭癖、開国論者）に交代（堀田は斉昭を阿部ほどは重用せず）。阿部は引き続き老中として堀田を補佐。

1856年　講武所（総合的な武術練習所）を築地に設置。

1857年　蕃書調所（西洋軍書の翻訳、研究）開設。
1857年6月　阿部正弘病没（39歳）。
9月　松平忠固（改名）次席老中、勝手掛（財政担当）就任（堀田、大奥の要請あり）。

第2節　ハリス、日米修好通商条約

1　堀田正睦、ハリス着任、篤姫輿入れ

・1855年（安政2年）　堀田正睦、老中首座に就任。堀田は、川路、岩瀬、水野（開国派）を外国貿易掛に任命。

・1856年（安政3年）8月　米国下田駐在領事にタウンゼント・ハリス着任（在任6年、うち、最初の3年の領事館は玉泉寺）。

ハリスは、1804年生、商売で成功、ニューヨーク州立大学創設者、1854年　寧波領事。ハリスについて「唐人お吉」の話が有名であるが、お吉（17歳）はハリスの病気の看病、介護で雇われたが、腫物で直ぐに解雇されており、「唐人お吉」の話は全くの創作とされる。

・12月18日　将軍家定は島津斉彬の養女篤姫《あつひめ》（天璋院）を御台所に迎える。

家定は病弱、17歳で疱瘡を患い、顔面に疱痕、癇症で軽度の運動障害、しゃべる言葉も滑らかでなく、人前に出ることを嫌い、菓子作りを趣味とし、凡庸と評される。

家定は正室に鷹司政熙の娘任子《あつこ》、一条忠良の娘秀子を迎えたが、いずれも体が弱く若没。島津家から篤姫を迎えることとなった。

斉彬は島津一門の今和泉家の忠剛《ただたけ》の娘一子《かつこ》を斉彬の養女篤姫とし、篤姫は近衛忠熙《ただひろ》（室は島津斉興の妹）の養女となって徳川家定に嫁した。

家定の母の本寿院は後継の男児出産を期待。篤姫の養父斉彬は「将軍後継に慶喜を指名するよう説得せよ」と篤姫に命じたとされる。

2　日米修好通商条約（安政条約）

イ　ハリスの条約交渉への動き

・ハリスは、着任後、江戸出府、将軍謁見を求めた。幕府は引き延ばしたが，１８５７年（安政４年）10月21日　ハリスは江戸城で将軍家定と謁見。大統領ピアスの書簡を奉呈。

家定は、「両国の親しき交わりが幾久しく続くよう大統領にしかと伝えよ」とハリスに述べ、将軍として然るべき姿を示した。

・10月26日　ハリスは老中堀田正睦を訪問、会談（川路聖謨、井上清直同席）。

ハリスは、英国の清での野心・アヘン貿易の実情、露の南下・箱館領有の思惑などを説明。米国は、武力で他国を侵略しない。英国が日本侵略を謀る前に、非侵略国、友好国米国と通商条約（開港、通商、居留許可）を締結すべきと力説。

川路、井上は、米国はメキシコ戦争でカリフォルニア、ニューメキシコを略取、英国と同様な侵略国であり、国を保つのは条約でなく、戦力であると正鵠を得た議論をしている。

幕内で協議、堀田は開国上申を採用。

・前年の1856年10月　アロー号（船長のみ英国人、乗組員全員清国人）事件（清国政府が海賊船容疑でアロー号を検問、清国船員全員（12人）逮捕）が起き、英国広東領事パークスは、英国船籍船の船長不在時検問は不当として乗組員全員釈放と賠償を請求、清国は拒否。1857年末　英軍が広東周辺の清国砲台占拠、広東市街砲撃、仏も参加、英仏軍は北京に迫り、1858年5月　清は英仏米露と天津条約を締結（内容後述）させられたことも影響を与えたとされる。

ロ　条約交渉

①　交渉

海防掛目付岩瀬忠震（林大学頭復斎の甥、積極的開国論者　1818～62年）、下田

奉行井上清直（１８０９～６８年）とハリスが、九段の蕃書調所で１８５７年（安政４年）12月から１８５８年1月まで13回交渉。

日米修好通商条約（14条）、貿易章程（7則）締結。

②　条約の内容

・外交官駐在、民間貿易承認、神奈川（その後、横浜に変更）・長崎・箱館（以上１８５９年）・新潟（１８６０年）・兵庫（１８６３年）開港、江戸（１８６２年）・大阪（１８６３年）開市。

・関税従価20％・輸出税5％（米国側の関税率は規定せず）、貨幣の同種同量交換、アヘンの輸入禁止、片務的最恵国待遇、領事裁判権（在留米人は米法で裁判　当時のアジア諸国の法制下では外国人の現地居住のためには必須とされていた）を定めた。また、「軍用の諸物は日本政府の他へ売るべからず」と規定した。

米人の遊歩範囲を10里以内に制限、外国商人の居留地以外の商行為を認めなかったのは日本の主張の結果であったとされる（清国との条約には入っていた）。

・交渉の疲労でハリスは安政5年発病、一時は危篤の状況となったが、幕府は医師を派遣、一命を取り留めた。

ハ　関税率と貨幣交換について

①　関税

・関税率は、一般の財　従価20％、酒類　35％、材木・米・パン・生絹・石炭・鯨魚油・鉛・錫など5％と規定された。

基本税率従価20％は、当時の先進諸国の税率に比較して不平等ではなかった。また、関税率は、神奈川が開港されてから5年後に、日本側が望むなら改定可能と規定された。

・輸出税5％は、日本の要請で設けられた。漆器、茶、絹、銅が当時の主力輸出品であったが、開国後、これ等の商品が輸出に回り、国内市場が品薄になることを幕府は懸念したためであった。輸出が始まると国内生糸価格は高騰している。

・開国通商の結果、１８６４年（万延元年）の関税収入は１７４万両に上ったが、長州の下関戦争敗北の結果、英国の強要で関税率は5％に引き下げられた（後述）。

この不平等な関税率改定と治外法権回復（領事裁判権）が、維新後に残された解決すべき大きな課題となり、その解決には永い期間を要することとなった。

②　貨幣交換

当時、日本の金貨と銀貨の交換比率は1対5、海外での交換比率は1対15であった。諸外国は銀で日本の金小判を取得、海外で売却すれば3倍の差益が得られる。この結果、10

万両の金貨が流失したとされる。幕府は、万延元年、小判の金含有量の引き下げ改鋳を行い、諸物価高騰を招いた。

二　幕府と諸大名

・幕府は、開国につき、1857年（安政4年）11月に2回、12月に2回、諸大名に意見聴取。

12月29日　老中首座堀田正睦が貿易開始やむなしと説明、諸侯の同意を求めた。島津斉彬、伊達宗城（宇和島藩主）、山内豊信（とよしげ　容堂　土佐藩主）など堀田を支持。諸侯はほぼ開国論で統一された。

・水戸斉昭は国内貿易を拒否、出貿易（外国に出向いて貿易を行う（実現不可能））による富国強兵策を提唱。12月29日　堀田は川路聖謨（1801〜68年）と永井尚志を説明に派遣、斉昭の提案を退けた。斉昭は激怒、「堀田正睦、松平忠固切腹、ハリスの首を刎ねよ」と主張、慶喜が斉昭を諫め、川路と永井に謝罪して事態を収束したとされる。

・積極的開国、交易論（岩瀬忠震など）もあったが、幕府が通商条約締結（開国和親）に踏み切ったのは、現状の軍備では西欧諸国に対抗できず、通商条約を結ばざるを得ないが、通商により利益を得て軍備を整え、彼等に対抗するだけの力を得ようとするため開国するという考えで、広い意味では攘夷のためでもあった。

一般武士層には、西欧諸国に威圧されての開国は屈辱という攘夷鎖国論が多かった。

3　朝廷へ条約承認を要請、孝明天皇の反対

イ　幕府条約勅許を要請

・堀田、岩瀬は諸侯の異議を収め、人心収攬のため、通商条約につき孝明（統仁《おさひと》）天皇の承認を求めることとし、ハリスには岩瀬、井上から「条約には朝廷の勅許を要する」旨を伝え、朝廷の勅許如何に拘わらず条約調印することを確約。ハリスは下田に引きあげた。岩瀬は、自分の説明と幕府の圧力で朝廷を説得できると考えていた。老中松平忠固は勅許不要の考えであった。

・幕府への大政委任体制の下では朝廷に条約承認を求める必要はなかった。条約に勅許を求めることは、朝廷の政治参加、朝廷が外交の決定権を持つことを意味する。水戸斉昭は朝廷に攘夷論を吹き込んでいた。

ロ　孝明天皇の考え

・当時、朝議は、関白（九条尚忠《ひさただ》）、武家伝奏（広橋光成、東坊城聡長　幕府と朝廷の融

和が役目）、議奏（久我建通、万里小路《までのこうじ》正房《なおふさ》、徳大寺公純）で構成されていた（議奏、武家伝奏は天皇の近臣から選ばれ、関白と武家伝奏の任免には幕府の事前承認が必要とされていた）。

・孝明天皇は、1月17日　関白九条尚忠に宸翰。

「日本国民不服にて実に大騒動に相成候間、夷人の願い通りに相成候ひては後々まで恥に候はんや、其れについては伊勢（神宮）始めの処へ恐縮少なからず、先代の御方々に対しても不孝、私一身置き処無きに至り候間、誠に心配仕り候」として条約不承認を表明。

ハ　堀田老中上洛

・幕府は林大学頭復斎と津田半三郎を京都に派遣。武家伝奏に説明、勅許の下工作をしたが、反応は冷たかった。

・1858年（安政5年）1月下旬　老中堀田が岩瀬（目付）、川路（勘定奉行）を伴い上洛。2月中旬　議奏、武家伝奏に、開国通商は世界の大勢であり、鎖国攘夷は天下の大患と説明。

・幕府は、皇室、関白九条尚忠と前関白鷹司政通に各々1万両、武家伝奏には各々千両贈答など工作。井伊直弼は腹心長野主膳を京都に派遣、関白九条抱き込みを工作。

二　朝廷の反応

・関白九条は、天皇の意向に沿い、「三家以下諸大名の赤心を聞いて欲しい」との幕府への回答案を作成、前関白鷹司政通に諮った。

鷹司は関白を退いたが内覧の職にあり、朝議で大きな発言力、影響力を持ち、天皇もその動きを危惧していた。鷹司は、「和親交易が上策、大政委任の下、幕府に適切な措置を任せるべし」の考えで、九条案に反対。

幕府は九条案に対し、「人心の折り合いについては将軍、幕府にて引き受ける」と返答、九条は幕府側に傾き、幕府一任の案文を作成した。

・天皇は案文を公卿に見せるよう九条に指示。左大臣近衛忠熙、青蓮院《しょうれいいん》（尊融親王、中川宮、朝彦親王）、3人の議奏、内大臣三条実万《さねつむ》、権大納言中山忠能《ただやす》、権中納言三条実愛《さねなる》など12人の公卿は天皇の考えに同調、九条案修正意見。

88人の中小公家（岩倉具視《ともみ》（1825年生）など）が関白邸に条約承認反対を強訴（列参と言われた）、その他多くの公家が条約承認反対、再度、諸侯の意見を聞くことを要望。

3月20日「三家以下諸侯と衆議のうえ天皇に言上するように（武家間の議論が不十分で武家の総意とは見做しがたい）」という勅答が、左大臣近衛忠熙から老中堀田に申し渡され、条約承認は差戻となった。堀田が、「条約拒否で戦争が起きたらどうするのか」と議奏に尋ねると、議奏は「戦争もやむを得ない」と答え、堀田は、「正気の沙汰とは存ぜられず」と江戸に報告している。

ホ　朝彦親王

・朝彦親王は伏見宮邦家親王の第4子、1824年生。7～8歳の頃、京都本能寺日慈上人の許に預けられ14～15歳まで過ごす。仁孝天皇により1836年に天皇の猶子（養子）となり、1837年　一条院院主、親王宣下、1852年　青蓮院に転任。

・孝明天皇の7歳上の養兄、最年長の兄で、孝明とは親密な関係にあった。川路聖謨（奈良奉行時代）、清水寺の忍向（月照）、梅田雲濱、橋本左内などと親しく、水戸斉昭は攘夷、慶喜擁立などを親王に働きかけている。攘夷派、公武合体派、熟慮断行の人とされ、英明かつ世情に通じた人物と評される。

ヘ　孝明天皇の考え

・天皇が関白などの提案に自らの判断で異論を述べるのは異例のことであり、孝明天皇の個性の強い性格を示すものとされる。

条約反対の背景には、孝明天皇は日本中華思想（日本を中華とし、欧米諸国を外夷と見る華夷秩序）を持ち、外交の責任ある立場にもなかったこと、また、鷹司、九条に対する反発もあったとされる。天皇は外界と隔絶されており、最新の国際情勢について情報が不十分で、旧来の伝統に基く判断であったと考えられる。

・天皇が幕府の開国策に対し攘夷鎖国の立場を堅持したことは、尊王論（天孫降臨を信じる神国思想、天皇の神格化）と攘夷論を結びつけることとなった。それは、幕末、生活苦に苦しむ下級武士層の共鳴を呼び起こした。しかし、攘夷論は幕末に至るまで庶民層には浸透するに至らなかった（岡義武氏）。

・皇室の所領は3万石、摂関家の近衛家が2800石、鷹司家が1500石、昇殿公家は100石程度、公家130家で4万石であった。

朝廷は、財力は貧しく、武力はなく、古くからの伝統の権威があるのみで実力はなかった。そうした朝廷の権威をも幕府は利用しようとしたことは幕府の力の衰えを示している。

ト　幕政改革への提言

①　橋本左内

・安政4年（1857年）松平春嶽の知恵袋の橋本左内な幕府政権改革構想を述べている。慶喜を将軍後継とし、春嶽・斉彬を内国事務宰相、肥前鍋島斉正を外国事務宰相とし、幕臣川路聖謨、永井尚忠、岩瀬忠震などを宰相補佐、藩士でも庶民でも有能な者をスタッフに登用。英露の対立を念頭に対外貿易振興、近隣小国征服というものであった。

・橋本左内（１８３４～５９年）は越前出身。吉田東篁《とうこう》に学び忠君愛国の精神を持つ。その後、大阪の緒方洪庵の適塾で蘭語と医術を学ぶ。１８５４年（21歳）で江戸へ。杉田成郷門下となり、医学、西洋史、地理、経済を学ぶ。藤田東湖、佐久間象山、西郷隆盛などと交遊。

松平春嶽に仕え、１８５７年　江戸出府。藩主春嶽の侍読兼御内用掛となり、春嶽の絶対的信頼を得た。西郷は左内の才覚に心服したと言う。安政大獄で捕縛され、安政６年（１８５９年）10月７日　江戸小伝馬町獄舎において斬首。

②　安政5年（１８５８年）**1月　斉彬、幕府に16か条建白。**

朝廷尊崇、将軍後継に慶喜を、幕府の軍器製造所建設、軍艦建造と海軍創設、諸藩財政救済を提言。

第3節　井伊大老の決断

1　井伊直弼大老就任

・堀田、岩瀬は左内と諮って松平春嶽を大老、一橋慶喜を将軍後継者とすれば条約勅許が得られると考え、安政5年（1858年）4月22日　将軍家定に進言したが拒否された。

4月23日　家定は井伊直弼を大老に任じる。家定は「慶喜英明」を主張してやまない松平春嶽などに反感（家定を軽んじている）を持ち、紀州徳川慶福を後継とすべく井伊を大老に任じ、井伊に堀田罷免を命じた。井伊は堀田の条約調印まで留任を述べたとされる。

・井伊（1815年生）は彦根藩主、44歳。11代直中の14男。12代の兄直亮《なおあき》、世子直元の病死で藩主就任。尊王、攘夷思想の人物。

井伊が大老就任で直面した問題は、13代将軍家定の後継問題と日米通商条約締結問題であった。

2　将軍後継家茂決定と日米修好通商条約調印

イ　将軍後継に紀州徳川慶福《よしとみ》（家茂《いえもち》）決定

・13代将軍家定は30歳を超えても実子が生まれず、後継を決める必要があり、一橋慶喜と紀州徳川慶福が有力候補であった。

水戸斉昭、老中堀田正睦、薩摩藩島津斉彬（西郷を江戸へ派遣、大奥篤姫付老女幾島に「篤姫が家定に慶喜後継」を勧めるよう伝達）、越前藩松平春嶽（橋本左内を京へ派遣、篤姫養父近衛忠煕、内大臣三条実万などの公家に慶喜後継内勅を働きかけ）、宇和島藩伊達宗城、土佐藩山内容堂などの有力大名、岩瀬、川路、水野などの有能幕臣は英明の評が高く、年齢も20歳の一橋慶喜を推した。また、彼等の多くは開国派でもあった（一橋派）。

一方、紀州徳川慶福（11歳）の実父斉順《なりゆき》は11代将軍家斉の実子で紀州徳川家に入った人物、将軍家の血統では慶福が最有力候補であった。将軍家定は慶喜を嫌い、井伊直弼などの譜代大名、大奥（慶喜の父水戸斉昭の大奥倹約策、女癖への反発があった）は紀州慶福を推した（南紀派）。

・井伊は、慶喜の父水戸斉昭が攘夷論を京都に入説、朝廷の意思を攘夷に誘導しようとしたことを問題視、また、慶喜が将軍になれば、斉昭始め慶喜を推す外様大名が幕政に干渉してくることを懸念した。

慶喜を推す一橋派の主張は英明な者を将軍にすべきとするもので、能力ある将軍を求める立場、井伊は徳川の血統の近さを重視する旧来の立場と言える。

・5月1日　井伊は、「将軍家定の台意による」として紀州徳川慶福を家定の後継14代将軍に内定。御三家以下諸大名に伝えた。
・井伊は堀田にハリスと交渉させ条約調印日を7月27日に延期。

ロ　日米修好通商条約調印

・井伊は堀田にハリスと交渉させ条約調印日を7月27日に延期。
諸大名に登城を命じ、堀田から「勅命なので再び意見を求める」として、意見を求めた。多くの諸大名は「調印やむなし」の意見であったが、水戸斉昭・藩主慶篤、尾張徳川慶勝は調印に反対。
・6月13日　米国軍艦ミシシッピーが下田に来航。アロー号事件で清が英米仏露と天津条約締結。内容は、北京に公使駐在、外国人の国内旅行可、アヘン貿易公認、揚子江開放、英国に400万両・仏国に200万両の賠償金支払、輸入関税一律5％など清国に過酷なもので、ハリスは、「英国が日本との交渉に出てくれば、通商条約は現状より過酷な条件を呑まされることになろう」として、英国より先に米国との通商条約締結を促した。
・井伊は尊王思想の持主であり、勅許なしの条約締結不可の考えであった。
6月19日午前　城中評議（大老、老中、若年寄、三奉行）。井伊は京都の意向最優先を主張。松平忠固は「公卿の議論はきりがない。江戸で決めないと幕府の権威も条約の好機も逃がし、天下の大事を誤る」と主張。大勢は忠固の意見に賛成。井伊は悩んだ末、調印を決断。

6月19日　ハリスと岩瀬・井上により日米修好通商条約調印。

京都へは5閣僚連署（堀田正睦、松平忠固、久世広周、内藤信親、脇坂安宅）の宿次奉書《しゅくつぎほうしょ》で伝奏に伝え、執奏を依頼した。

・老中評議後、越前鯖江藩主間部詮勝《あきかつ》を老中に起用、間部を京都に派遣、勅許獲得を目指す。調印から4日後、堀田（先の京都の失敗と慶喜擁立が因）と松平忠固（勅許なしでも条約締結断行主張が因）、老中罷免。将軍家定は、奥向きに評判の良い忠固留任を主張したが、最後は諦めた。

ハ　2問題を巡る幕府内の動き

・条約調印違勅、将軍後継決定につき井伊大老糾問のため水戸斉昭は不時登城を考え、尾張徳川慶勝（慶喜の従兄弟）に同行を持ちかけ慶勝同意。一橋派は、本心は条約調印を許容していたが、将軍後継問題で南紀派攻撃のため、違勅を殊更に言いたてたと見られている。

・6月24日　斉昭、水戸藩主慶篤、尾張慶勝不時登城。その動きを聞いた松平春嶽も不時登城。井伊が彼等に会うと、彼等は井伊に条約調印は違勅、松平春嶽を大老に、慶喜を世子にせよと迫った。井伊は彼等の主張を論破。幕府の統制に反した行動をとったことで、7月5日　斉昭は江戸水戸藩邸で謹慎、慶勝・春嶽は隠居慎、慶喜・慶篤は登城停止を命じられた。

二　家茂将軍就任、島津斉彬病没

・6月25日　徳川慶福の将軍世子公表。
7月6日　将軍家定、病没（35歳）。家定の御台所篤姫は未亡人となり天璋院を名乗る（23歳）。
12月　家茂に将軍宣下。

・島津斉彬、7月16日歿（50歳　赤痢）。久光派による毒殺説もある。
久光嫡男忠徳《ただのり》（茂久、忠義、19歳）が家督承継。斉彬は弟の久光（尊王佐幕派）の後見を期待した（父斉興が江戸から帰国、翌年9月の没までは実権を握った）。

斉彬と久光の関係は良好で、斉彬は久光を学識、大局観があり、現実直視、冷静判断できる人物として高く評価していたとされる。久光は斉彬の遺志の実現を目指した。

ホ　孝明天皇の動き

・幕府は条約締結を朝廷へ宿次奉書で報告。６月27日　幕府の条約調印が朝廷に届き、孝明天皇激怒。条約について回答を与えず、「尾張と水戸か、井伊の上洛」を幕府に申入れ。28日　譲位発言。九条関白が「召し出すまでは延引を」と宥めた。７月27日　太閤鷹司政通、老年の故として内覧辞任。

・幕府は、７月10日　蘭、11日　露、18日　英、９月３日　仏と通商条約調印。

・９月17日　老中間部詮勝を条約調印説明と密勅（後述）関係者捕縛のため京都へ派遣。間部は、「今、外国と戦っても勝ち目はない。時間を稼いで武備を充実し、条約引戻し（将来の破約攘夷実行）」を朝廷に約束（井伊の本音）。12月24日　天皇は「心中氷解、鎖国に引き戻す良策の考案に努めること」を要請、破約実行猶予を伝えた。天皇が「破約実行猶予を認めた」ことの公表は、条約相手国との関係があり行われず、勅許なしの通商条約締結として尊王攘夷運動激化に繋がった。

３　安政の大獄

イ　1858年（安政5年）8月8日　戊午（ぼご）の密勅

一橋派は近衛忠熙を通じて攘夷の内勅降下を目論む。水戸藩鵜飼吉左エ門、幸吉父子、薩摩藩の日下部伊三次《いそうじ》などが奔走した。

8月8日　孝明天皇から将軍と水戸家へ勅諚（関白九条尚忠の副署がないため密勅と言われる）。勅諚は京都駐在の水戸藩留守居役鵜飼吉左エ門に渡された。

内容は、「調印後の言上は勅命に背く軽率な取計なり。三家或いは大老の上京を仰せられたが、尾張、水戸は謹慎と聞く。大老、閣老、三家、三卿、家門、列藩、外様、譜代一同群議評定して誠忠を尽くして外夷の侮りを受けざる様に」というもの。

水戸には「勅諚を一同に御達しするように」との副書、幕府には、「この勅諚は三家始め一同が心得るように水戸中納言に仰せ下さる」との副書が添えられた。

密勅は水戸藩家老安藤帯刀を介して藩主慶篤に伝えられた。近衛家から尾張、薩摩藩に、鷹司家から加賀、長州藩に伝えられた。8月18日、勅諚は幕府に達した。

・水戸藩主慶篤は老中間部、太田に勅書を示し、幕府の意向を聞いた。2人は井伊に諮り、水戸藩に勅書返納を命じ、各藩への伝達を禁じた。

水戸藩内は激派（高橋多一郎、武田耕雲斎（1804～65年　水戸藩若年寄600石）など、密勅を全国に回付、伝送すべしと主張）と鎮派（会沢正志斎など、幕命尊重主張）に分裂、紛糾。

藩は密勅返納と決するが、激派は返納を実力阻止しようとし、藩は討伐軍を送り鎮圧。

激派は江戸へ逃れ、桜田門外の変を起こすことになる。
・9月4日　九条尚忠、関白、内覧辞任。関白辞任は幕府承認せず。近衛忠熙に内覧宣下。

ロ　安政の大獄（安政5年（1858年）8月～59年）

・井伊大老は、水戸藩が幕府を経ずに勅書を拝受したことの責任、勅書を執奏、取次いだのは誰かを追求。密勅に関係した者を中心に攘夷主張の不満分子を捕縛、処罰する安政の大獄が始まる。
井伊は、密勅の背後に水戸斉昭の朝廷工作、松平春嶽の陰謀（橋本左内を使って京都工作、井伊を謀反人とし慶喜を擁する動き）、朝廷側では朝彦親王が加担していると見た。井伊の腹心長野主膳が情報取得に暗躍。
・9月に上洛した老中間部が京都で密勅関係者を追求。関係者の処分は下記の通り。
幕府側では、切腹～水戸藩家老安藤帯刀、斬首～水戸藩奥祐筆頭取茅根伊予之介（ちのね）、水戸藩京都留守居役鵜飼吉左エ門、三条家家来飯泉喜内、長州藩吉田松陰（30歳）、越前藩橋本左内（26歳）、儒者頼三樹三郎（34歳）、獄門～水戸藩京都留守居助役鵜飼幸吉。日下部は獄死。

水戸斉昭は水戸で永蟄居、藩主慶篤は登城差控え、慶喜・尾張慶勝・山内容堂・伊達宗城・堀田正睦は隠居慎、岩瀬忠震は永蟄居、川路聖謨は隠居慎など。

朝廷側では、朝彦親王の隠居・謹慎・永蟄居（1862年4月　免永蟄居）はじめ、宮、堂上公家13人、家臣15人処罰。
・西郷隆盛は斉彬に京、江戸での工作を命じられ、密勅工作にも関わり、大獄にリストアップされたため薩摩に帰国。近衛の配慮で大獄を逃れるため帰国に伴った勤皇の僧月照と鹿児島湾で投身自殺を図る（後述）。西郷は助かり、菊池源吾と変名、安政5年12月28日奄美大島に蟄居（3年間）。
・10月　安政大獄に抗議した老中久世罷免。

八　西郷隆盛

①　出生など

・文政10年12月7日（1828年1月23日）　薩摩藩勘定小頭西郷吉兵衛隆盛（47石）の長男として下加治屋町で出生。幼名小吉。
次弟　吉二郎（戊辰戦争で戦死）、三弟　従道、四弟　小兵衛（西南戦争で戦死）。従兄弟に大山巖。南朝の肥後菊池家家臣の家系とされる。大久保一蔵一家も同じ町内に住んでいた。

・元服（１８４１年）後、吉之助（吉之介）を称し、隆永、武雄、隆盛、善兵衛、吉兵衛など使用。

少年時代に怪我で右腕が不自由となった。朱子学、陽明学、平田国学、算盤を学ぶ。郷中（15～24、25歳の若衆）の二才頭《にせかしら》を務め、「テゲ（細かいことは部下に任せ、結果責任を負う）」の処し方を身に着けたとされる。

１８４４年から10年間、郡方書役助《たすけ》（年貢徴収業務監督）を務めたが、気性が激しく、頑固で評判は良くなかったとされる。下戸。

②　藩主斉彬の抜擢

・１８５４年　藩主斉彬に抜擢され、中御小姓・定御供《おとも》となり、江戸詰めを命じられ、江戸では御庭方（藩主の走り使）となった。斉彬の19歳下。斉彬から直接指示を受け、結果を直接報告する務めで、その関係から広い人脈（越前藩主松平春嶽、春嶽の師中根雪江、藩医橋本左内、水戸藩の水戸斉昭、藤田東湖、武田耕雲斎、長州藩の益田右衛門介など）を得た。

１８５８年　斉彬急死。殉死しようとして清水寺前住職月照（尊攘派、一ツ橋派）に説得されて思い止まった。同年　老中間部詮勝が上洛、戊午の密勅関連の反幕活動家摘発に乗り出す。西郷は斉彬存命中の行動、並びに、薩長土で間部暗殺、彦根城攻略計画（当時の西郷にその力はなく無謀な企てで、実現出来ず）などで、安政大獄関連の指名手配を受け、月照と薩摩に逃れた。しかし、藩から「月照を日向に追放せよ（国境で暗殺せよ）」と命じられ、思い余って11月16日　錦江湾に2人で投身自殺、西郷のみが助かる。西郷は3日3晩意識がなく、人と話せるようになったのは1か月後という。月照に死に後れたことを悔やみ、その後の人生は命を捨てた行動となったとも言われる。投身自殺は作為との見方もある。

・西郷は菊池源吾の名で、3年間、奄美大島で暮らす。西郷には平等思想があり、奄美に存在したヒザ（奴隷）開放を行ったという。

大島龍郷町の名家龍家の娘の愛加奈を妻とし、2人の間に菊次郎誕生（西南戦争で片足を失う。最後は京都市長）。

正妻敏は西郷家減封で極貧となり、実家の伊集院家に戻ったという。

二　大久保利通

1830年、薩摩の下級武士の家に出生。

1859年（安政6年）9月　大久保利通を中心（誠忠組）に幕閣首脳襲撃を計画、茂久、久光の指示で中止。

安政７年２月　江戸、京都に各々海陸百の兵派遣を久光に建言。久光の返答は否。３月　初めて久光に面会、勘定方小頭に昇任。
安政８年　久光は国父に就任、10月　大久保は小納戸に抜擢される。
１８６２年（文久２年）　島津久光上洛を機に中央政局に登場する（32歳）。

ホ　吉田松陰

・１８３０年　長州藩士杉百合之介（家禄26石）の次男として萩で出生。４歳で吉田大助（山鹿流兵学師範）の養子となるが、１年後、養父没。叔父玉木文之進（山鹿流兵学者、尊王攘夷派、１８４２年　松下村塾創設、１８７６年前原一誠の萩の乱に関連して自害）の塾で世話になる。
１８５０年　平戸遊学（20歳）、山鹿流兵学者山鹿万介に教を受ける。
１８５１年　江戸佐久間象山塾に入門。12月　脱藩。水戸から津軽まで旅。水戸で会沢正志斎に会い水戸学を学ぶ。
１８５２年　脱藩の罪で士籍、家禄剥奪。江戸遊学を許可され、江戸へ。
１８５３年　長崎で露軍艦乗り込みを企図するが、露艦は去っており、失敗。１８５４年　ペリー再来航時に欧米密航を企てたが、米艦に拒否された。この２つの行動は、プチャーチン（露）、ペリー（米）暗殺を目論んだものとも言われる。
萩の野山獄収監。収獄中に水戸学、本居宣長著述読破、両者を折衷、自己の思想を確立したとされる。
1855年　赦免、出獄。実家預かりとなり、松下村塾で、久坂玄瑞、吉田稔麿、前原一誠、桂小五郎、高杉晋作等と交友（3年間）。塾生約200名と言われる。松陰は、久坂、高杉を高く評価。
1858年　倒幕を明言するようになる。井伊大老襲撃事件を聞き、老中間部詮勝暗殺を計画。長州藩は松陰捕縛、投獄。
1859年　幕府は、松陰の江戸送致下命。松陰の処置につき、長州藩は幕府から意見を徴されたが、「斬首已むなし」と返答。斬首（30歳）。
・カムチャッカからオホーツク一帯占拠、琉球を日本領、朝鮮を属国とし、満州、台湾、フィリッピンを領有すべきと主張。明治以降太平洋戦争までの日本の行動と一致する。松陰を尊崇の対象として世に喧伝したのは山県有朋とされる。

4　遣米使節団

イ　遣米視察団

・井伊大老は、日米修好通商条約本書交換のため米国へ幕府使節団派遣。正使　新見（しんみ）豊前守正興、副使　村垣淡路守範正《のりまさ》、目付　小栗上野介忠順《ただのり》以下77人。

1860年（万延元年）1月22日　米国軍艦で横浜出航。ハワイ、サンフランシスコを経てワシントンに至り、ブキャナン大統領と会見。

・使節団と同時に、幕府は軍艦咸臨丸（300トン）を派遣、冬の太平洋横断に挑戦。提督は軍艦奉行並　木村摂津守喜毅、艦長　勝海舟。福沢諭吉、中浜万次郎など乗船、総勢百余名。米国海軍ブルーク大尉以下10人の米国船員が乗船、技術指導。37日でサンフランシスコ着。

福澤諭吉は「艦長勝は船酔いで使い物にならなかった」とするが、氷川清話で勝は、「就航前から熱病で、乗船後も治らず喀血までしたが、サンフランシスコに着く頃には全快した」としている。勝は長崎で航海術を学んでおり、福澤の言う勝の船酔は疑問。福沢の勝への中傷の可能性もある。２人は咸臨丸に同乗したが、勝は福澤を嫌い、福澤は勝を嫌い、その関係は終生変わらなかった。

・1861年　米国は南北戦争に突入、国際政治の舞台を暫時退場。英国が日本外交の相手方主役に登場、幕府は英国に翻弄されることとなる。

ロ　中浜（ジョン）万次郎

1827年生まれの土佐清水の漁師。1841年、15歳の時、漁で漂流、無人の鳥島に漂着。米国の捕鯨船に救助され、漁業を手伝いつつホノルルへ、1843年　マサチューセッツ州のニューヘッドフォードに到着。同州で進学、英語、数学、化学、測量術、航海術を学び、漁業、金鉱採掘に従事。

帰国の情やみがたく、1851年　琉球経由で薩摩へ。藩主島津斉彬に謁見。1852年　土佐へ戻った。土佐藩士となり、幕府直参待遇となる。

5　桜田門外の変

・1859年（安政6年）6月　横浜、長崎、箱館開港。

12月　米通訳官ヒュースケン殺害事件が起き、英仏蘭公使が江戸から横浜に引き揚げ。ハリスの尽力で江戸に戻る。

・1860年（万延元年）3月3日（西洋暦3月24日）　桜田門外の変。

降雪の朝、9時頃、登城中の井伊大老が、桜田門外で、関鉄之助など水戸浪士17人（水戸藩激派）と薩摩藩の有森治左衛門に襲撃された。井伊は短銃で撃たれ、大腿から腰を貫通、動けず、有村に首を討たれた（46歳）。首は井伊家に戻り、直弼怪我とされ、3月末大老免、閏3月末没と扱われ、井伊家は存続。

・井伊大老の死で、密勅は水戸藩に留められたままになった。

桜田門外の変の5か月後、水戸斉昭は心臓発作で没。烈公と諱された。

第4節　老中安藤信正

井伊大老没後、老中首座に磐城藩主安藤信正（1819～71年）就任。久世広周《ひろちか》、脇坂安宅《やすなり》、内藤信親が老中。

1　和宮降嫁

・1858年　井伊大老から和宮降嫁（親子《ちかこ》内親王（1846～71年）、仁孝天皇（1800～46年）の第8皇女、孝明天皇の異母妹）要請。

朝廷は「有栖川宮（1835～95年）との婚約あり」として断った。井伊大老没後、朝幕和親のため、幕府は改めて降嫁を要請。侍従右近衛権少将岩倉具視が、幕府の要請に応じることは朝権回復、王政復古の策謀の一つになると天皇に進言。

1860年（万延元年）10月18日「7、8年乃至10年のうちに攘夷（条約破棄）」を幕府は誓約することで和宮降嫁勅許。

1861年（文久元年）11月15日　和宮江戸着。翌年2月11日　家茂と婚儀（両者同年齢）。和宮は家茂の立場を理解、徳川家に馴染んでいった。

・文久2年1月　坂下門外の変

老中安藤信正が水戸浪士7人に坂下門外で襲われ負傷。浪士は全員その場で討ち取られた。襲撃の理由は、幕府は自らの権威を守るために皇室を利用したとするものであった。安藤辞任。

・攘夷の言葉は、当時、広く使われたが、破約攘夷（通商条約破棄）の意味で使われることが多い。武力解決と外交解決の2つの立場があり、孝明天皇の考えは、外交交渉による破約攘夷実現であった。

2　英国の進出

イ　対馬事件

1861年（文久元年）3月　露軍艦ポサドニク号が対馬に来航、芋崎付近の永久租借を迫った。幕府は小栗上野介を派遣したが解決出来ず、南北戦争中の米国の支援は無理で、英国公使オールコックに支援を要請。９月　英国の圧力で露軍艦は対馬退去。

ロ　ロンドン覚書調印

英国公使オールコックは、条約に定める江戸開市（１８６２年1月1日）、大阪開市（１８６３年1月1日）、兵庫開港（１８６３年１月１日）の開市、開港時期を１８６８年1月１日に延期を提案。

覚書調印のため、幕府は遣欧使節団をロンドンに派遣（正使　勘定奉行兼外国奉行竹内保徳、随員　福澤諭吉、福地源一郎など36人）。１８６２年（文久２年）１月　長崎出航。スエズ、パリ経由でロンドン到着。６月６日　覚書調印。

第５節　薩摩藩島津久光上洛、江戸出府

１　久光上洛

イ　長州藩の動き

文久１年（１８６１年）５月　長州藩主毛利慶親《よしちか》（敬親　家臣の進言を聞く名藩主と評

されたが、家臣の言う通り動く、「そうせい侯」とも言われた）は、目付長井雅樂（うた）を公武周旋のため京へ派遣。航海遠略策（長井の策　幕府は積極的に海外へ進出、国の富強と海軍振興、そのうえで5大陸制圧を目指すよう朝廷から幕府に命じるべしとするもの）を正親町三条実愛を通じて孝明天皇へ。天皇は興味を示し、幕府との周旋に当たるよう内命。

12月末　長州藩に公武周旋を託すとの将軍家茂の内旨を得た。

外様長州藩が外交問題で幕政に進出した。

ロ　久光上洛

・長州藩の動きに刺激を受け、薩摩藩は、文久1年10月　島津久光の上洛、東行を決定。久光東行の理由を作るため藩主、久光周辺（大久保など）が策謀、12月7日　藩士伊地知貞馨が江戸田町薩摩藩邸を焼く。藩邸焼失を理由に藩主茂久は参勤交代猶予願提出、幕府は薩摩藩に藩邸再建費用2万両貸与。久光は幕府への御礼と藩邸再建監督のため江戸出府の願提出、久光の東行、江戸出府の大義名分を得た。

・年末から年初にかけて大久保上洛。近衛忠煕に面会。久光に朝廷守護の勅諚と幕府への勅旨派遣（久光随行）、一橋慶喜の後見職、松平春嶽の大老就任の幕政改革を迫ることを要請、了解を得る。
・文久2年（1862年）「不穏浪士の動きを沈静化せよ」の天皇の内命を得て、4月、久光は藩兵千人を率いて上洛（小松帯刀、大久保利通随行）。
4月16日　久光は、「破約攘夷につき天下の公論で基本方針を定める。松平春嶽を大老とする。」など9か条の意見書を朝廷に提出。
4月23日　寺田屋事件
久光は、所司代襲撃を密議していた強硬攘夷派有馬新七などの薩摩藩士を上意討（6人斬殺、2人切腹、21人投降・帰藩謹慎処分）。
久光は過激攘夷を嫌う天皇の信頼を獲得した。
・幕府は朝廷の動きを察知、4月25日　一橋慶喜、尾張徳川慶勝、松平春嶽、山内容堂を宥免。
4月30日　安政大獄関連の前関白鷹司政通、前左大臣近衛忠熙、朝彦親王赦免。近衛は6月23日　関白任。

2　西郷隆盛の奄美大島から帰鹿と沖永良部島流罪

・久光上洛に当たり西郷の人脈が必要と大久保などが訴え、久光も了承、西郷が奄美大島から帰鹿。

2月12日　西郷は久光に拝謁。西郷は久光の幕政進出は時期尚早（久光の名望不足、無位無官を理由とした）と反対。久光をジゴロ（田舎者）と呼び久光の不興を買う。それでも先遣隊として、「九州各藩の動向（尊攘派志士達が久光上京を機会に挙兵の動きがあった）を調べ、下関で久光に合流せよ」との命を受けたが、西郷は命令を無視、大阪へ直行。

面会当初の無礼に加え、久光の命令を無視した西郷の独断専行に久光は激怒。寺田屋騒動直後、西郷は沖永良部島に流罪、西郷家の家禄没収。西郷帰鹿後2か月の事であった。西郷が3ヵ年の奄美滞在の間の天下の情勢の推移に疎く、かつ、久光を軽んじたことによる。大久保は刺し違えて一緒に死のうとまで言って西郷を諌めたとされる。
・奄美への島流しは、幕府の目を逃れるためのもので行動に自由もあったが、今回は、久光の逆鱗に触れた罪人としての流罪であり、九尺四方の牢に閉じ込められた。島民は西郷に好意を示したとされるが、2年間の牢生活で足腰は弱り、寄生虫に感染したのもこの時代であったと言われる。家禄没収で鹿児島の西郷家は困窮を極めた。

３　久光、江戸出府

イ　久光、江戸へ

・久光の建言を踏まえ、勅使大原重徳と久光が江戸へ向かう。

文久２年６月10日　江戸城登城。家茂に勅諚伝達。勅使携行の勅諚には治国三策（将軍上洛（長州の主張）、五大老設置（公卿の主張）、一橋慶喜後見職・松平春嶽大老就任（薩摩の主張））が記されていた。

久光は、将軍上洛は幕威を堕すので不可、五大老は確執を生じるので不可とし、慶喜を後見職、春嶽を政治総裁職（新設）とすることに成功（７月６日）。

春嶽は斉昭に次ぐ声望があった（声望は橋本左内の献策による処が大で、左内没後は輝きを失ったとされる）。

・８月19日　一橋邸で、慶喜、春嶽、久光会談。

春嶽が久光を山内容堂、伊達宗城に引き合わせ、４者の結合が生まれたとされる。４者の共通認識は、「過激な攘夷論に反対、破約攘夷は外交交渉によること、朝廷、幕府による挙国一致体制が必要」であった。

・８月22日　参勤交代緩和令

大名の隔年出府を３年に１度出府、江戸滞在を１００日、妻・嫡子とも在府、在国自由とするなど。政治総裁職松平春嶽が横井小楠の建白を受けて提言したとされる。諸藩の財政負担軽減、江戸藩邸縮小、諸藩の軍艦購入に繋がった。

・久光が帰路、江戸から京都へ向かう途上で、8月21日　生麦事件発生。英国人リチャードソンが乗馬のまま、久光の籠に近づいたため、護衛の薩摩藩士がリチャードソンを無礼討ち、即死。護衛の侍が主君守護のためそのような行動の者の切り捨ては可とされていた。

ロ　長州藩攘夷論へ転換、京都攘夷派朝廷で実権

・久光が江戸に向かうと京都では攘夷派が勢力を持つ。長州藩が破約攘夷に藩論を転換、三条実美《さねとみ》などの攘夷過激派公卿の後盾となり、「早期攘夷の強い圧力を幕府にかけるべき論」が朝廷内を席捲。

・帰洛後、久光は、関白近衛忠熙、忠房父子に建白書提出、近衛を通じて、「幕府に攘夷を命じてはならない」旨申し入れるが、朝廷は、聞く耳を持たなかった。失望した久光は、閏8月23日　薩摩に帰国。

・6月　公武合体論の関白九条尚忠が関白辞職、閏8月　落飾、謹慎、9月　出家、閉居。和宮降嫁を推進した公卿も尊攘過激派の脅迫対象となり、岩倉具視は洛北岩倉村に逼塞。

第6節　京都、攘夷派席捲

1　長州藩攘夷へ、過激攘夷派公卿三条実美など

イ　長州藩、開国派から過激攘夷派へ

・長州藩では長井雅楽《うた》が藩政の中心であったが、文久2年7月6日　高杉、久坂が中心となって藩論を尊王攘夷に転換、長井失脚（3年2月切腹）。朝廷の攘夷派を取り込む。

・文久3年、伊藤博文、井上馨以下5名英国留学、9月　上海経由でロンドン着。伊藤、井上は文久4年6月　帰国。

ロ　京都の攘夷過激派の動き

・土佐藩も土佐勤皇党の頭の武市半平太が攘夷で藩論を纏め、勅使を奉じて幕府に攘夷を督促しようと画策。

文久2年9月　勅使三条実美（正使）、姉小路公知《きんとも》（副使）が土佐藩主山内豊範（三条実美の従弟、毛利慶親の女婿、容堂は安政大獄で隠居）と共に江戸に下り、「攘夷を国是とし、良策を定めよ」との勅書を渡す。将軍家茂は攘夷実行につき上洛して言上と返答。

・10月　朝廷は、薩摩、長州、土佐、佐賀、芸州など14藩に勅使派遣。攘夷への尽力を求

める。

12月9日　朝廷は国事御用掛設置。朝彦親王、関白近衛忠熙、左大臣一条忠香、右大臣二条斉敬《なりゆき》、前右大臣鷹司輔熙、内大臣徳大寺公純、議奏、伝奏などを任命。毎月10の日、全員評議とした。

しかし、三条実美などの攘夷過激派が長州藩の力をバックに勢力を揮い、朝彦親王、近衛忠熙などの公武合体派の勢力（孝明天皇の意向を戴した勢力）を圧する。

翌年1月　近衛忠熙関白辞任、鷹司輔熙補任。

2月　天皇、将軍の要請で朝彦親王還俗、中川宮を称する。

・京都では、田中新兵衛・中村半次郎（薩摩　桐野利明）、岡田以蔵（土佐脱藩、長州に）、河上彦斎《げんさい》（肥後、佐久間象山暗殺（明治に入り広沢真臣暗殺で捕縛され斬首））などの刺客が、安政大獄で働いた幕府役人、公武合体論者、尊王攘夷派で裏切者とみなされた者などを天誅と称して殺害、死体切断して晒すなどの所業に及んだ。天誅件数は文久年間（1861～64年）97件に及んだとされる（元治年間（1864、65年）38件、慶応年間（1865～68年）26件）。

・京都のテロ横行、無秩序に対処するため、幕府は、閏8月　彦根藩主に替えて会津藩主松平容保《かたもり》（1836～93年）を京都守護職に任命。会津藩は、財政負担、人的負担が重く固辞したが逃れられなかった。12月24日　容保、千人の藩士を率いて上洛。

2　将軍家茂上洛、攘夷回答

イ　将軍家茂上洛

・文久2年10月の攘夷への天皇の内旨を受けて文久3年正月から諸大名が上洛。慶喜（1月5日）、春嶽（2月4日~3月21日）、容堂（1月25日~3月26日）、久光（3月14日、過激尊攘派を憚っての関白などの煮え切らない態度に失望して滞在3日で帰国）、尾張、肥後、筑前、芸州藩主など8月までに60藩を越えた。

・3月　将軍家茂が3千人を率いて陸路上京、二条城に入る。将軍上洛は228年振りのことであった。
　久光の命で家茂の上洛を止めるため、大久保が江戸、京都で要人（近衛忠煕、春嶽、容堂など）の間を奔走したが上洛阻止は出来なかった。帰鹿後、側役、小納戸頭取兼務に昇任（34歳）。

・3月5日　家茂代理慶喜参内。庶政委任、攘夷につき忠節を尽くせと勅命。
　3月7日　家茂参内。政務は将軍に委任するが、事情により朝廷から直接に諸藩に命じることもあると勅命。

3月11日　天皇は加茂別雷《わけいかづち》神社に攘夷祈願のため行幸。家茂、慶喜随行。天皇の行幸は後水尾の二条城行幸以来237年振りであった。

将軍が参内、勅命を受け、行幸に随行したことは、日本の最高統治者が天皇であることを天下に示したことになる。

3月21日　春嶽、政治総裁職辞任。

4月2日　天皇は家茂（天皇の義弟にあたる）を招き、閑談、内宴。

4月17日　幕府は、10万石以上の大名は京都警備のため在京、万石以上は10年に一度京都参勤を命じる。

ロ　将軍家茂、攘夷日回答

4月20日　朝廷は家茂に攘夷開始日を確答するように求め、幕府は5月10日の攘夷決行（条約破棄通告）と回答。布告に際し、幕府は外国襲来時のみ打ち払うこと、武力行使は専守防衛に限るとしている。

5月9日　老中小笠原長行は、生麦事件は偶発事故であったとして英国公使ニールに賠償金40万ドル（10万ポンド）支払うことを告げ（後述）、併せて、各国公使に外国との交際、通商を絶つことを国の方針として通告。各国公使は「破約の全権は委任されていない。

本国政府と交渉して欲しい」として、幕府の要請には応じなかった。

5月20日夜　姉小路公知が朔平門外で斬殺された。三条実美と並ぶ過激攘夷派であったが、開化路線に転じたため殺害された。下手人は薩摩藩田中新兵衛とされたが、田中は自刃したため真相は不明。

薩摩藩は乾門の守衛から除免。

3　長州の米仏蘭艦船砲撃と薩英戦争

イ　長州の米仏蘭艦船砲撃

・文久3年5月10日（幕府の攘夷宣告の日）　長州藩久坂玄瑞配下が米国商船砲撃、商船逃走。5月23日　仏国軍艦、5月26日　蘭国軍艦を砲撃。馬韓総奉行家老毛利能登は砲撃を命じておらず、久坂一党の無断の砲撃（攘夷実行）であった。
久坂の背後には世子毛利定広があり、久坂は処罰されなかった。三条実美など朝廷攘夷派は歓迎。幕府は長州を詰問、発砲しないよう厳命。
・6月1日　米国が長州砲台、軍艦を砲撃。6月2日　仏国が長州砲台砲撃、上陸して攻撃、砲台破壊。砲台は使用不能、長州軍艦2隻撃沈。蘭国は報復はしなかったが、日本との長年の親交に見切りをつけた。

ロ　生麦事件の処理と薩英戦争

・文久2年12月24日　英国は、生麦事件の処理として、幕府に謝罪と10万ポンドの賠償金支払い、薩摩藩に生麦事件の犯人処刑と死者の家族に2万5千ポンドの賠償金支払いを求めた。

・文久3年2月　英国艦隊8隻が横浜入港。英国公使ニールは幕府に10万ポンドの支払を要求、20日以内の回答を求め、応じなければ必要な措置を採ると威嚇。

幕府は、家茂が3千の兵を率いて上京の時であったが、5月9日　事故として処理、賠償金の支払に応じた（前述）。

・6月27日　鹿児島湾に英国軍艦7隻が現れ、生麦事件の犯人処刑と死者の遺族への賠償金を要求、24時間以内の回答を求めた。

薩摩藩は、犯人は行方不明、賠償金は、薩摩、幕府、英国で会談したいと回答。

7月2日　薩英戦争開戦。英軍艦は2日間砲撃、アームストロング砲が実戦に使用され、鹿児島市街焼失。

4日　英艦隊は鹿児島を去った。弾薬、燃料が欠乏、戦闘継続は難しかった。

10月5日　横浜で講和。薩摩藩は2万5千ポンド（10万ドル、6万330両）を幕府から借用して支払。

以後、久光は軍事力強化、薩摩近代化に精力的に取り組む。
1865年には英国へ留学生（森有礼など）派遣。

第7節　8月18日の政変、横浜閉港問題

1　文久3年8月18日の政変

イ　尊攘過激派に対する孝明天皇の怒り

・文久2年後半から3年は、三条実美（26歳）を中心とする尊攘過激派公家が朝議を牛耳る状況にあった。彼等は、尊攘過激派の長州藩や志士の言説に共鳴した。彼等と長州（薩摩も同様であるが）にとって、尊王とはいうものの天皇は政治の道具の認識であった。

・文久3年5月末日付の孝明天皇の書簡（姦人排除のため上京して欲しい）が島津久光に届く。天皇は攘夷論者ではあるが、長州や三条実美などの過激攘夷派の行動を嫌った（天皇の頼れる側近は、朝彦親王、右大臣二条斉敬、前関白近衛忠熙、徳大寺公純など）。久光は直ぐには動かなかった。

・三条実美等は、将軍を東帰させ公武合体派の力を削ぎ、長州藩主毛利慶親を上洛させ倒幕を進めようと考え、6月2日　毛利慶親と鳥取藩主池田慶徳に上洛の勅諚。しかし、慶

親は5月10日の攘夷砲撃事件を抱えており、上洛しなかった。

・6月6日　久留米から真木和泉が上洛、天皇の親征行幸を長州藩木戸に提案。真木は久留米の神主、過激な尊王倒幕派（天皇が土地人民を支配すべきと主張）で、宮部鼎蔵、久坂玄瑞、平野國臣、有馬新七などが周囲に集まっていた。

7月11日　天皇は久光に上洛要請の勅令を出すが、7月17日　議奏三条実美等が勅令を取消す。孝明天皇は怒り、「自分は退位、三条は辞職せよ」と発言。

8月13日　攘夷祈願のため大和に行幸、親征軍議を行う行幸詔発令。天皇の本意ではなく、過激尊攘派の独断であった。

ロ　8月18日の政変

①　薩摩と会津が連携、長州の主導権奪取に動く

8月15日　薩摩と会津藩士密議（久光、大久保の指示に依る）。

朝彦親王に政変計画を告げ、親王から天皇に上げ、天皇は会津、薩摩の武力支援を得られることで政変決断。

8月18日　朝彦親王、近衛忠煕など公武合体派の公卿、京都守護職松平容保、京都所司代稲葉政邦など参内。薩摩（150人）、会津（1800人）、淀（460人）3藩の兵が

御所６門封鎖。大和行幸延期、三条実美などの参内・他行通会禁止。在京藩主が参内、御所９門を固めた。

長州藩は境町門警備任務を解かれ、帰国を命じられ、京都引揚げ。三条実美、東久世通礼、沢宣嘉など７卿は京都を追われ、長州に下る。８月24日　官位剥奪。長州藩内には、薩摩藩、会津藩への怒りが充満した。

この政変で会津藩お預りの芹沢鴨、近藤勇などの壬生浪士組が初出動、新選組の名を与えられた。

②　新選組設置

江戸で清川八郎が、「浪人を集め、京都の治安、将軍上洛の際の警護にあたること」を山内容堂に提案、容堂は松平春嶽に進言。

浪人２５０人（芹沢鴨（水戸）、近藤勇など）を集め、浪人組織が結成され、文久３年（１８６３年）２月　京都に入った。

京に入ると清川は、言を翻し、尊王攘夷のために働くと唱え、幕府は怒り、浪士組を江戸に戻す。芹沢、近藤達は京都に残留、京都守護職「お預かり」となり、壬生浪士組を名乗った。将軍上洛の際の警護が主要な任務であった。

８月18日の政変に際しては、会津藩の要請で仙洞御所周辺の警備を命じられた。

ハ　天誅組の大和蜂起

尊王攘夷派の吉村寅太郎（１８３７年生、土佐庄屋の子、文久2年　武市半平太（瑞山）の指示で脱藩、長州へ、久坂玄瑞と接触）、藤本鉄石（備前）などが大和行幸に呼応、天誅組を結成。

若手公家中山忠光（姉の慶子は明治天皇の母）を擁して40人（18人は土佐藩出身）ほどで、8月17日　大和五条代官所（代官鈴木源内、直参旗本、善政家とされる）襲撃、代官以下20人ほど惨殺。天領に設置される代官所は襲撃する者はないという前提で軍事的には無力の存在であった。

8月18日　京都政変勃発。

天誅組は十津川郷士を集めて高取城攻撃（高取藩2万5千石）。幕府は、近国諸藩に撃退を命令。敗れて吉村、藤本敗死。十津川郷士離反、解散。中山は大阪の長州藩邸に逃れた。

ニ　10月2日　生野の変

平野國臣が沢宣嘉（都落ち7公卿の1人）を擁して但馬で農兵2千を組織、生野銀山代官所（兵庫県朝来市）襲撃、占拠。周囲各藩兵により鎮圧された。

2　将軍家茂上洛、横浜閉港問題

イ　島津久光等上洛、朝廷政治参与就任

・文久３年８月18日の政変直前の13日、久光は「機会到来につき９月中旬上洛」を藩内に布告。10月３日　久光、１７００余の藩兵を率いて京都着。

10月18日　松平春嶽、11月３日　伊達宗城京都着。

10月　天皇は慶喜と家茂の上洛を下命。11月26日　一橋慶喜京都着、翌年１月15日　将軍家茂京都着（勝の進言で軍艦で上洛）。

・12月末　一橋慶喜、松平容保、松平春嶽、山内容堂、伊達宗城、翌年１月13日、島津久光を朝廷は政治参与に任命。久光を従四位《じゅしい》左近衛少将に叙任（これまで無位無官であった）。６人は朝政参加を許可され、幕府からは二条城の御用部屋（在京老中の部屋）に入ることも認められた。

ロ　横浜閉港問題

・文久３年９月１日　慶喜に横浜閉港談判を行うよう勅令。

９月15日　米、蘭と交渉、拒絶される。

・幕府は、本国政府と直接交渉のため外国奉行池田長発《ながおき》を団長とする横浜鎖港談判使節団

を欧州に派遣。
12月29日　出発。仏と交渉するが、仏は鎖港に反対、池田も開国の必要を認識、交渉打ち切り、パリ協定締結（長州の仏艦攻撃の賠償として幕府10万ドル、長州4万ドル支払など）。　翌年7月24日　幕府はパリ協定批准拒否、協定破棄。
・文久4年（1864年）1月　将軍家茂に「破約攘夷のため国是を定め、挙国体制で取り組むこと」を求める宸翰。
2月14日　家茂は、「奮発努力すると」との請書提出。
2月15日　小御所で朝議（参与会議）。孝明天皇出座。朝彦親王、近衛忠熙など出席。武家は、慶喜、春嶽、宗城、久光が個別に呼ばれて意見を聞かれた。
春嶽は開港は認めざるを得ないが必戦の備えを国是に盛り込むべき。久光は開港して国力増強、武備充実、将来の制夷を目指すと主張。朝彦親王が「天皇は横浜閉港だけでも急速に実現するよう希望している」と述べ、慶喜は数日の猶予を願い、請書提出と発言。
2月18日　慶喜は将軍直筆の横浜閉港の請書を作成、3侯（春嶽、宗城、久光）に示し、3侯は不満であったが署名。
19日　家茂が「横浜鎖港を是非とも成功仕り候心得」と明言。
横浜閉港の方針が決まった。これにより朝廷の慶喜への信頼は上昇。

3月9日（元治1年　1864年）春嶽、宗城、久光は政治参与辞任、4月　帰国。3侯は慶喜に失望した。
・25日　慶喜、将軍後見職辞任、本人の希望で新設された禁裏御守衛総督兼摂津海防御指揮（大阪湾での事変対応役、対長州防御の意味も持つ）就任。
4月7日　松平容保、京都守護職再任。4月11日　松平定敬《さだあき》（桑名藩主、1847〜1908年、定保、定敬は美濃高須藩主と兄弟）、京都所司代就任。
20日　参内した家茂に幕府に一切（庶政）委任の勅書。別紙で、横浜閉港実現、長州藩処分（三条実美等を許可なく長州に滞在させていることに対する処分）を幕府に一任。但し、国家の大政大議は奏聞を遂げるべしとした。
・元治1年（1864年）4月　見廻り組設置。400人、与頭《くみかしら》2人。京都治安維持のため御家人を集め、江戸で結成された。隊員集めに難渋したという。

八　西郷隆盛再登場

・文久3年の薩英戦争で西郷従道《つぐみち》、大山弥助（巌）など誠忠組が活躍、発言力を増し、小松帯刀（門閥家で斉彬に抜擢されたが、久光とも良好な関係で文久2年に家老就任）も加わって、西郷赦免を久光に求め、久光も雄藩連合の主導権を握るためには西郷の人脈が必要と考え、文久4年1月　西郷赦免に同意。

2月28日　西郷、鹿児島着、3月14日（元治1年）上洛、久光に拝謁、軍賦役兼諸藩応接役（薩摩藩京都代表）就任。

久光は帰鹿、西郷は在京となった。幕末の舞台に西郷が登場した。2度の島流しで西郷は議論も大人しくなり、成長したとされる。

・京都駐在の黒田清隆、伊地知正治、川村純義、篠原国幹などが、この情勢下においては西郷が必要と考え、西郷復帰を小松、大久保に働きかけたが断られた。しかし、久光側近の高崎正風が「斉彬が選別し使った西郷を斉彬同様使うべき」と久光に進言、久光は不承不承ながら承知したとの見解もある（磯田道史氏）。

二　新選組の池田屋襲撃

・在京の長州藩攘夷派は、6月20日前後の烈風の夜、御所に放火、朝彦親王、京都守護職松平容保殺害、孝明天皇の長州拉致を計画。

6月4日　新選組は具足商升屋古高俊太郎を四条小橋の借家で捕縛。兵器、弾薬、会津の徽章入りの提灯など押収。拷問、計画を知る。

・6月5日　新選組、池田屋襲撃。

宮部鼎蔵、春蔵兄弟などが、計画を早めて実行するか、中止するか、新選組に捕縛された古高奪回を相談していた処を新選組が襲撃。

宮部鼎蔵、吉田稔麿《としまろ》など11人斬死、20余人捕縛（長州7、土佐5、熊本2、その他6）。

木戸は早く池田屋には行ったが、「同志来たらず」として対馬藩別邸に入り、難を逃れた。

ホ　佐久間象山暗殺

7月11日　佐久間象山（1811〜64年）暗殺。

象山は信州松代藩下級藩士の家に生まれた。幼時には神童といわれたという。容貌魁偉。

1833年　江戸遊学、儒家佐藤一斎に学び、藤田東湖、渡辺崋山などと親交。2年で帰藩。1839年江戸へ出て象山書院（塾、神田お玉が池）を開く。1842年、藩主（老中真田幸貫）の命で江川太郎左衛門に入門、砲術修得。その後、蘭学も学ぶ。数学と語学の重要性に着目。1851年　江戸木挽町に塾開設、砲術教授。吉田松陰も象山に学んでいる。1852年　勝海舟の妹の順子と結婚（海舟は象山を評価せず）。吉田松陰の下田密航事件に連座、44歳から9年間、松代に蟄居。

「攘夷主義者で開国論者。東洋道徳と西洋芸術（技術）を用うべし」と説く。分かりづらい主張とされる。
1864年4月　幕命で京都へ。朝廷から海陸御備向掛手付を任ぜられる。幕命で山階宮、中川宮や二条、嵯峨などの公家に出入、朝廷の倒幕計画派の動きを阻止。
7月11日　倒幕派に襲われた。象山を斬ったのは肥後の河上彦斎であった。

第8節　禁門の変と4国艦隊長州砲撃

1　禁門（蛤御門）の変　1864年（元治1年）7月

・久光、春嶽など公武合体派諸侯の去った京都の状況を長州藩過激派は自分達に有利な情勢到来と判断した。多数の藩士が長州藩邸に潜伏、復権工作を展開。攘夷国是確立と三条実美、毛利父子の冤罪哀訴を掲げ、京都の政局、京都での長州藩の存在を8月18日の政変以前に戻すため、長州藩の福原越後、益田右衛門介、国司信濃、久坂玄瑞、来嶋又兵衛、真木和泉（久留米藩）など千余の兵が長州発、6月27日　京都天龍寺、山崎、伏見に着陣。
・対する幕府勢は、一橋慶喜800名、会津1500名、桑名250名。
西郷は、当初、会津と長州の私闘と見て、「大義名分なしには兵動かさない」としたが、慶喜は薩摩の小松帯刀、西郷隆盛に出兵を要請。薩摩は国元へ藩兵増派要請、7月16日薩摩兵４５０名が京都着、在京兵５００と合わせ約千名となる。
・７月17日　長州は進軍決定。
18日　朝廷から長州に退去命令。天皇は長州の入京を許さず。有栖川宮幟仁《おりひと》、熾仁《たるひと》父子が長州に内応、会津追放の勅令を得ようと動いたが、朝彦親王、慶喜の知る処となり、結果、慶喜に長州誅罰勅語。
・19日　開戦。
長州軍は、天龍寺口に国司信濃、来嶋又兵衛、伏見口に福原越後、山崎口の天王山に益田右衛門介、真木和泉、久坂玄瑞など。

天龍寺口から進撃した国司、来嶋軍千余名と会津軍が激突、会津は苦境に陥ったが、乾門の西郷率いる薩摩軍、清所御門の桑名軍が応援、来嶋戦死、長州勢敗走。境町御門に進撃した真木軍９００名は越前軍と激突、一進一退となったが、会津、薩摩、桑名軍が加勢、久坂戦死、真木は天王山に戻り一戦して自決。

長州勢が隠れる鷹司、九条邸に破裂玉が撃ち込まれ炎上。炎が町屋を延焼、更に、長州勢を追撃する会津など諸藩は町屋に放火、洛中の７割が焼失。六角獄舎にも火が及び、天誅組・生野の変の平野國臣など37人の国事犯が幕府側に斬殺された。

火事で会津の人気は落ち、西郷は天龍寺の長州の兵糧米６５０俵を京都市中に配り、人気を得たという。
・24日　長州藩主毛利敬親追討決定。
27日　長州人に加担した公家（有栖川宮父子、鷹司前関白、中山前大納言忠能、橋本中納言実麗など）の参内禁止。

2　4国艦隊長州下関砲撃

イ　4国艦隊下関砲撃

・長州藩は、文久3年5月、下関海峡で米商船・仏蘭軍艦砲撃、その報復攻撃で砲台を破壊されたが、砲台を修復、再構築、更に、小倉藩領を占拠して砲台建設、外国船の下関海峡通過阻止を図った。海峡封鎖は英仏蘭などの貿易に大きな被害を齎すことから英国公使ニールが主導、英仏蘭米の4国艦隊が長州藩下関攻撃。
英国留学経験の伊藤、井上は、開国、富国強兵を説き、開戦に反対したが藩重臣に一蹴された。
・元治1年（1864年）8月5日　英（9隻）、仏（3隻）、蘭（4隻）、米（1隻）の4国艦隊17隻が長州下関砲撃。英軍2000人、仏軍350人、蘭軍200人、米軍50人が上陸、大砲破壊、民家を焼いた。長州は奇兵隊中心に応戦、双方に70余人の戦死者を出した。

ロ　賠償交渉

・戦後、英国は、下関海峡の通航保障、賠償金３００万ドル支払を長州藩に要求。長州藩では高杉晋作が交渉役となり、通航は保障、賠償は長州藩に支払い能力はないと支払拒否。長州の攘夷行動は朝廷、幕府の命令であると主張。このため英国は幕府に３００万ドルの賠償金支払を要求。幕府と長州の関係は一層悪化した。８月14日　長州・英国講和。

・高杉晋作は１８３９年生。疱瘡を患い痘痕面、馬面であったという。吉田松陰に私淑、久坂と双璧と呼ばれた。文久2年5月　上海派遣、11月　久坂等と建設中の英国公使館焼き討ち、文久3年5月　奇兵隊結成、総監となる。文久4年1月　脱藩して京へ、元治１年3月　野山獄投獄、6月　自宅謹慎、8月　賠償交渉藩代表、11月　椋梨政権（後述）から身を護るため筑前へ。

3　水戸天狗党

・１８６４年（元治1年）３月27日　水戸藩藤田小四郎（東湖の次男）が幕府に攘夷督促、

諸国の尊攘派の決起を促すため、62人の同志と筑波山で挙兵。武田耕雲斎一派も加わり、1500余人に膨れ上がった。

筑波勢は、軍資金調達の名目で金品徴発、放火、殺人に及ぶ。幕府は、水戸藩、近隣諸藩に筑波勢追討を下命。

7月7日　戦斗。筑波勢は敗れ、10月には天狗党を名乗って慶喜に大儀を直訴しようと上洛を目指す。

11月1日　大子出発、中山道から下諏訪、美濃へ。各藩の防御態勢に阻まれ、越前経由で京都を目指すが果たせず、12月17日　慶喜に投降。翌年2月　武田耕雲斎、藤田小四郎以下352人、敦賀で斬首。水戸尊攘派壊滅。

・小四郎は文久3年の8月18日の政変の頃、在京。長州攘夷活動に惚れ込み、桂と知り合った。翌年1月　桂が小四郎を呼び出し、長州の京都の動き（禁門の変）に呼応して水戸が立つことを求め、軍資金千両を渡したとされる。

第9節　長州征伐

1　長州征伐発令

イ　長州征伐発令

・禁門の変で禁裏御所に発砲した長州に対し、1864年（元治1年）7月23日　征長勅令（慶喜に伝達）、長州は朝敵となった。

慶喜は江戸の将軍、老中に諮ることなく、7月24日　中国、九州、四国の21藩に朝命を伝え、出兵の準備を命じた。

8月2日　将軍家茂が自らの進発を宣言。尾張慶勝を征長総督に任じ、諸藩に攻口を振り分けた。

薩摩藩も文久3年12月24日　薩摩藩船長崎丸が関門海峡航行中に長州の砲撃を受けて沈没、20数名死亡、元治1年2月12日　薩摩藩御用船加徳丸が周防灘の田布施で長州に襲われ、船主殺害、船焼却に遭い、長州への反感は強かった。

一方、長州は、禁門の変、四国艦隊砲撃敗北もあり余力に乏しかった。

・9月1日　幕府は、3年参勤交代を隔年参勤交代、妻子江戸居住に戻し、旧参勤交代の復活を下命。しかし、諸藩は、他藩の様子見、実行延期申出、島津・細川は反対など幕府の命令に従う意識は薄くなっていた。

□　西郷隆盛の変身

・9月11日　勝海舟が老中阿部豊後守に呼ばれて神戸海軍操練所から大坂に来ていたが、その折を捉えて西郷が勝を訪ねた。

西郷は、幕府の長州征伐の戦争準備が手緩いことを歯がゆく思い、軍艦奉行勝の意見を聞く積りであった。しかるに、勝は西郷に、「幕府は天下の政治を取り仕切る力はなくなっている。薩摩、長州など雄藩の力で国政を一新すべき。徳川家より国家が大切」と説いた。これが西郷が反幕に転じる引き金となったとされる。

勝は、当時、幕府首脳に強い不信感を抱いており、西郷への発言になったが、西郷は勝を「知略の人、英雄肌合いの人、ひどく惚れた」と評価した。

・勝が西郷に会う前に龍馬に西郷の人物像聞いたところ、龍馬は、「西郷は馬鹿も馬鹿、底の知れない大馬鹿で、小さく叩けば小さく響き、大きく叩けば大きく響く」と答えたと言う。

2　征長参謀に西郷起用、西郷の和平交渉

イ　征長参謀に西郷起用

・10月3日　老中、征長副総督松平茂昭《しげあき》越前藩主等が軍議。征長参謀に西郷隆盛起用。11月11日までに着陣、18日　一斉攻撃と決まった。しかし、諸藩の戦闘意欲は低かった。

・長州藩は、８月18日の政変と禁門の変の敗北、征長軍参謀に薩摩西郷就任に、薩賊会奸と称して薩摩、会津を憎んだ　。禁門の変後、藩の実権は保守門閥派（俗論党）の椋梨藤太《むくなしとうた》が掌握した。

ロ　西郷の和平交渉

・長州に近接する広島、岡山は長州に同情、戦意なし。長州と関係の深い岩国藩主吉川経幹は講和を願っていた。長州と戦えば、薩摩、長州が疲弊、幕府を利することにもなる。征長参謀西郷隆盛は、総督尾張慶勝の一任を得て、吉井幸輔、別所長蔵の２人を伴い長州に赴き、岩国藩を通じて和平交渉。

藩主父子自筆の謝罪状、三家老切腹、山口城破却、三条実美など５卿（７人のうち１人死亡、１人脱走）の他藩への引き渡しで和平交渉成立。

総攻撃中止、12月28日　総督尾張慶勝は征長軍解兵。

・幕府側は一戦もせずの講和であり、長州藩四国艦隊下関砲撃の賠償金３００万ドルの幕府への押し付け問題もあって、西郷の処理は寛大過ぎると不満。元治２年（１８６５年）1月　毛利父子の江戸送致（人質とする）を求めた。一方、長州と薩摩は征長軍解兵を機に提携を模索するようになる。

・元治２年（１８６５年）初　西郷帰鹿、久光父子に征長戦講和を報告。

小松帯刀の媒酌で家老座書役岩山八郎太の娘の糸子と再婚。終生の伴侶となった。

３　長州藩政変（元治内戦）

イ　椋梨政権

・長州藩では保守派椋梨藤太が実権掌握。西郷と和平協定。

三家老切腹（11月11日　益田右衛門介、国司信濃、12日　福原越後切腹）、山口城破却（屋根瓦を剥がした程度）、５卿移転については、大義名分を失うとして奇兵隊が反対したが、大宰府へ移転。

10月21日　奇兵隊諸隊解散令（11月取消）。

・高杉晋作は自分達尊攘派を正義派、椋梨達を俗論党と呼んだ。

俗論党政権下で正義派の投獄、斬首などが行われる。高杉は萩脱出、11月には博多に潜伏。

11月25日　高杉は下関に戻り、奇兵隊、諸隊に決起を呼びかける。
12月16日　高杉と奇兵隊、諸隊士が下関藩会所襲撃。
12月には、幕府総督府派遣の巡見使が長州藩内巡視、12月26日　広島に戻り、28日　総督府は諸大名に撤兵令。

ロ　内戦、高杉派勝利、政権掌握

・12月24日から高杉、伊藤などなどが動き、元治2年（1865年）1月6日　山口近郊の椋梨軍を夜襲、20日　奇兵隊諸隊が山口に入る。2月14日　投獄者救出。17日　岩国へ亡命しようとした椋梨捕縛、斬首。
・1月末　高杉晋作一派（伊藤博文、井上馨など）が藩政に復帰。政庁は山口に戻り、尊王攘夷派が藩政掌握。
外には恭順、内では軍制改革、軍備増強に向かう（武備恭順）。
彼等を財政的に支えたのは豪商農からの軍資金の提供であった。

4　桂小五郎（木戸孝允）

・桂小五郎は1833年長州藩医和田家に出生。1840年に桂（木戸桂）九郎兵衛の末期養子となったが、和田家で育てられた。藩校明倫館に学ぶ。1852年江戸へ出て、斎藤弥九郎道場に学び、塾頭。その後、江川英龍に洋式兵術、浦賀奉行所の中島三郎助に造船術、手塚律蔵から英語、神田孝平から蘭学を学ぶ。

安政6年　江戸藩邸勤務。水戸、薩摩の有志と交流、人脈を作った。その後、上洛、帰藩。公武合体派の長井雅樂失脚後に祐筆、政務座副役。8月18日の政変後も在京、10月帰藩。出兵論（禁門の変）には、桂、高杉は慎重派であった。

・元治1年（1864年）1月上洛、6月5日の池田屋騒動に遭遇するが逃げおおせた。禁門の変では戦斗に参加せず、7月　京都脱出（芸者幾松の世話になり、その後、妻とする）、但馬出石《いずし》で荒物屋。

いずれも自らの命の危険をみてとり、意図的に危難を避けたとの見方もある。

長州再征が現実化する中、1865年4月　出石から帰藩。政治堂用掛、国政方用談役心得となる。大村益次郎を抜擢。

第10節　条約勅許

１　300万ドル賠償を巡る英国公使パークスと幕府の交渉

・１８６５年（慶応元年）閏5月　長州の３００万ドルの賠償金をつけ回された幕府は、その支払につき、６分割、50万ドルずつ年4回支払、１年半で終了を約束。

幕府は慶応元年7月に第1回を支払ったが、２回目で支払不能となり支払延期を要望。英国パークスは要望を拒否、１８６６年中の全額支払を求め、次の条件が満たされれば支払延期、減額に応じても良いとした。

ｉ　兵庫開港の１８６８年から１８６６年への前倒し

ii　通商条約勅許を得る

iii　関税を一律５％へ引下げ（清国と同じ）

・４国公使は軍艦９隻に乗り、９月16日　兵庫沖に移動。幕府が７日以内に回答しなければ、入洛、直接、朝廷と談判すると通告。

2　条約勅許、関税引下げ

イ　条約勅許

・幕府内では、兵庫の無勅許開港論（老中阿部正外《まさと》）と勅許取得開港論（慶喜）が対立。幕府は交渉して回答期限を10日延長。

・慶喜参内、10月4日夕から小御所会議。慶喜は、「提案を拒否すれば4国と戦になり、戦えば敗れる」と主張。

5日　朝廷は、在京諸藩の留守居役か周旋方を招集。会津、薩摩、土佐、広島、岡山、熊本、鳥取、越前など15藩、30数名が集まり、1人ずつ意見聴取。意見の大勢は「争わない」ということであった。

5日　通商条約勅許。京都に近い兵庫開港前倒しは不可と決定。

永年の懸案であった条約勅許実現で4国艦隊は引き揚げた。

以降、開国、攘夷の国内抗争は下火に向かい、開国方針は次第に広く受け入れられていく。

ロ　関税引下げ

英国パークスは、兵庫開港要求撤回の代償として関税引き下げを強要。幕府は小栗忠順が交渉担当、輸出税は全廃するが輸入関税維持を主張。パークスは関税引下げを譲らず、交渉は４カ月に及んだ。

慶応2年5月13日　輸入、輸出税、一律、従価５％（過去４ヵ年のその商品の平均価格に重量を乗じた価額の５％）の改税約書（江戸協定）調印。「日本側が望めば関税率改定交渉する」の条項は削除された。維新後の関税自主権回復の問題となる。

これにより貿易黒字は赤字基調に転落、１９１１年の関税自主権回復まで赤字基調は続く。

ハ　パークス

パークスは両親が早く亡くなり、13歳で姉のいる清国に渡り、広東など各地の英国領事館で中国語通訳官を務め、広東領事の時、アロー号事件で清国に戦を仕掛け、天津条約を結ぶきっかけを作った人物。

第11節　第2次長州征伐

1　第2次長州征伐へ

イ　幕府、諸藩の動き

・幕府は西郷と長州の和睦の結着に不満で毛利父子の江戸送致を要求、また、長州の高杉などの動きに不信感を持った。

　1865年（慶応元年）3月29日　幕府は、「長州が幕命に従わなければ将軍家茂江戸進発」を諸藩に通達、4月19日　家茂、長州征討布告。

　5月16日　家茂江戸発、22日　京都着、25日　大阪城に入る。

　6～8月　親藩、譜代、薩摩はじめ外様有力藩の殆どが再征反対を表明、大阪駐屯の幕兵も動けなかった。

　9月21日　慶喜が朝議で長州再征勅許を得る。

・1866年（慶応2年）初　幕府老中小笠原長行《ながみち》が広島で長州藩代表に、長州藩主毛利敬親父子蟄居、長州藩を36万石から10万石へ減封の幕命（1月22日勅許）を伝えた。

ロ　国内社会情勢

・慶応元年　大阪で米価急騰。5月初めには年初比6割高、7月には3倍となった。5月3日　西宮で米屋襲撃、打ち壊しが起こり、大阪市中全域に広がった。

江戸でも5月末から打ち壊し、6月　武蔵国西北部一帯で10万人超の大一揆（武蔵世直し一揆）が1週間続いた。

この年に起きた一揆は185件に及ぶ。

ハ　慶応元年（1865年）5月　4国（英仏蘭米）共同覚書

・英仏蘭米4国は、日本に対し厳正中立、絶対不干渉、密貿易禁止を申合せた。英国が長州に上海から小銃密輸（日英通商条約では「軍用諸物は日本政府以外に売るべからず」と規定されていた）、長州を支援。長州を軸に新政府が出来れば、英国に利権を攫われると他の3国は考え、その阻止が目的であった。

・1865年4月9日　米国南北戦争が北軍勝利で終結。大量の新式銃（ゲーベル、エンピール、スペンサー、スナイドルなど）が上海に出回り、列強諸国はこれを内乱の日本に大量売却すべく動いていた。

・1865年　英国首相パーマストン（砲艦外交展開）が急死。ラッセル内閣に代わり、英国の外交方針変更、公使パークスに日本国内政変に厳正中立を指示。

2　開戦と休戦

イ　開戦

・1866年（慶応2年）6月7日　第2次長州征討戦開戦（瀬戸内海大島戦斗で開戦）。出兵は16藩。薩摩、岡山、広島、佐賀、越前などは出兵拒否、戦を幕府と長州の私戦とみなした。

・長州の主力は奇兵隊（士庶混成の常備軍、軽装歩兵）。高杉晋作、大村益次郎が率い、系統的作戦の下に散兵、機動的戦斗を展開。海軍は山県狂介が指揮。長州は藩の存亡が懸かった戦と認識、戦意は高かった。

幕府軍の戦意は低く、武器も旧式が多く、各藩毎に戦い、連携も不十分で、幕軍は大島口では撃退され、小倉口では小倉城を、石州口（島根県）では浜田城を長州軍に占領され、2か月程で長州の優勢が明らかとなった。

・7月18日　広島、岡山、徳島、20日　薩摩、26日　鳥取藩から朝廷に戦争を止めるべきとの建白書提出。

ロ　休戦

7月20日　将軍家茂病没（21歳）。脚気による心不全とされる。
8月8日　慶喜参内、長州征討のため安芸へ下向と表明したが、小倉口の幕軍苦戦を聞き、出陣を取り止めた。天皇、朝彦親王激怒。
朝廷内では正親町三条、有栖川宮父子、岩倉具視、大原重徳、中御門など長州、薩摩派の勢力が台頭。長州解兵、幽閉公家の宥免を主張。天皇や朝彦親王等の公武一体派と対立状況となった。
8月16日　解兵勅許。9月2日　休戦協定（幕府と長州）。幕府権力の一層の衰退を露呈した。

ハ　パークスの動き

慶応2年（1866年）5月　英公使パークスはグラバーの斡旋で薩摩に招かれた。横浜、下関（高杉、伊藤と会見）、長崎を訪れ、第2次長州征伐開戦後の6月14日　長崎発、鹿児島で薩摩藩主島津忠義、西郷と会見。「日本にはミカドと大君の2人の君主がいる。国王は1人でなければならない。日本人が決めることだが、自分は間接的支援を惜しまない」と語った。次いで、長州藩訪問、6月28日には宇和島藩主父子と会見。西国雄藩による倒幕を推進する意図を示した。

・慶応2年4月の横浜で発行された英字新聞ジャパン・タイムスにアーネスト・サトウ（パークス配下）は、「大君の地位を引き下げ大領主の1人とし、ミカドを元首とする諸大名連合体が大君に代わって支配勢力になるべきである」と書いている。

第12節　薩長盟約

1　薩長三角貿易

イ　三角貿易

・第2次長州征討に西郷は不満、長州は幕府と戦い、倒幕に向けて薩摩と長州が手を組む情勢が生まれていた。他方、双方藩内にこれまでの経緯から感情的しこりが存在した。

・坂本龍馬は、慶応元年（1865年）5月1日　西郷に付いて鹿児島に入り、西郷周辺の者と会談、5月19日　肥後横井小楠、24、27日　大宰府で三条実美などに会い、閏5月5日　馬関の白石正一郎邸へ（長州の御用商人、廻船問屋、高杉晋作などの支援者）。そこで土方久元（土佐）、安芸守衛の薩長連合論に共鳴。6日　白石邸に来た桂小五郎に薩長和解を働きかけた。

桂は熟慮、井上馨、村田蔵六（大村益次郎）に相談、「時至る」で一致。中岡慎太郎（土佐）が鹿児島から西郷を連れてくることになったが、西郷は大阪に直航。坂本、中岡は西郷を追って大阪へ。西郷に長州との連携を進言。

・６月　西郷は武器購入斡旋を長州に約束。

７月　長崎のグラバー商会（グラバーはスコットランド出身、ジァーディン・マセソン商会（長崎代理人）から独立）から薩摩名義で上海で新式小銃など武器購入、長州に転売、薩摩は長州から薩摩で不足する米を購入する三角貿易が成立。

三角貿易は坂本龍馬の亀山社中によって実行された（後述）。坂本は、江戸、京都情勢を長州に伝える役も果たした。

・グラバーは長州に１００万ドルの信用供与を申し出ているが、グラバーにその資金力はなく、財源は幕府が長州から押し付けられた３００万ドルの幕府の分割払金ではないかとの憶測もある。

□　中岡慎太郎

１８３８〜６７年。土佐大庄屋の長男。

61年　土佐勤皇党に参加、62年　同志50人と江戸に出て攘夷運動に参加。63年　土佐脱藩、長州へ、64年　禁門の変に従軍、負傷、長州に敗走。三条実美の身辺にあったが、五卿大宰府移転で西郷と接触、板垣を西郷に紹介。67年4月　土佐脱藩赦免、京都で陸援隊組織、岩倉の信頼を得た。陸援隊は「国（土佐）に付せず、官（朝廷）に属す」として国事に尽くすものとし、京都白川土佐藩邸内に本部を置いた。

2　薩長盟約

・薩長貿易が行われ、西郷、桂、高杉等の意思疎通は出来たが、薩長両藩、特に長州藩士の多くは、これまでの京都での経緯から薩摩藩を憎悪、敵視していた。

・慶応元年12月　薩摩藩の黒田了助（清隆）が馬関を訪れ、桂に上洛を促す。慶応2年1月8日　桂は薩長連合盟約のため京都薩摩藩邸に入った。

禁門の変で長州毛利父子（敬親は従四位上、参議、左近衛権中将、松平大膳太夫、世子定弘は従四位下、左近衛権少将、松平長門守）は朝敵となり官位は停止され、このため、領外の政治活動、公式な大名としての扱いが封じられており、長州にとって、官位停止の解除、復権は優先課題であった。しかし、桂は長州が憐れみを乞う形で頭を下げて連合を言い出せず、西郷は長州から言い出させて立場を優位にしたいということで、話は始まらなかった。

1月19日　坂本龍馬藩邸到着。

22日　坂本の仲介で西郷が桂の面子を立て、薩摩から同盟の話を切り出し、西郷、小松、大久保と桂が会談。薩長盟約成立。

・長州にとっての最重要事は藩主父子の復権で、西郷は長州復権には賛成だが、禁裏に向かい発砲した以上、毛利家当主は何らかの処分を受け、責任を取らねばならない。官位復旧はその後のことと考えていた。長州処分勅許は1月22日、それまでは桂と鬩ぎ合いの状況にあったが、処分決定を経て、西郷は1月22日に木戸の言い分を全面的にみとめ、長州支援を約束したとの見解がある（青山忠正氏）。

・薩摩支援について、薩摩は文書を渡すことはなかった（口約束）。そのため、桂が西郷の発言を筆記、龍馬に書簡で送り、龍馬に確認を求め、龍馬が確認、文書を残した（西郷、小松には見せたと思われる）。

盟約6か条は第2次長州征伐についてのもので、倒幕の軍事同盟ではない。

ｉ　幕府と長州が交戦した際、薩摩は2千の兵を京、千の兵を大阪に出す。

ⅱ　長州勝利の場合は、薩摩は朝廷に長州の復権に尽力。

ⅲ　長州敗戦の場合でも長州は半年や1年で壊滅はしないので、その間に薩摩は朝廷に長州のため尽力。

iv　幕兵撤退の後に薩摩は長州の冤罪解消に尽力。
v　一会桑（長州を朝敵とした勢力）が拒んだ場合は決戦を辞さない。
vi　長州の冤罪が濯がれたならば、両藩が「皇国の御為皇威相輝き御回復」に誠心・尽力。

・2月1日　大久保着鹿。久光などに密約報告、2月21日　京都帰着、以降、1年半、大久保在京。

・1月23日　坂本は寺田屋事件（旅館寺田屋が伏見奉行所の捕り方に急襲された）に遭遇。高杉から贈られたピストルを3発発射、伏見薩摩藩邸に逃れた。

3　坂本龍馬

・坂本龍馬（1835～67年）は土佐藩郷士（長曾我部時代の家臣、武士階級としては最下層、土佐有数の豪商才谷屋の一族）の出。

江戸に遊学、剣術は千葉道場に学び、佐久間象山塾に入門（土佐藩の情報収集役とも見られている）。

武内半平太の土佐勤皇党（文久元年旗揚げ）に入り、尊王攘夷活動を始めるが、文久2年（1862年）3月24日　脱藩。

同年、松平春嶽の紹介で勝海舟に会う（山内容堂の指示によるともされる）。龍馬は攘夷派であったが、勝の開明思想に目を開かれたとされる。勝が開いた神戸海軍操練所で塾頭を務め、広い面識を得た。

・海軍操練所閉鎖で、勝は龍馬等生徒の保護を西郷に託した。

龍馬等は習得した航海術を利用、薩摩藩の汽船を回漕する薩摩藩出入業者となった。1865年（慶応元年）5月　長崎で亀山社中設立。67年4月　土佐藩から脱藩の罪を許される。亀山社中を海援隊に改組（本部長崎、下関と京都に事務所）。龍馬は海援隊を商船兼軍船艦隊とし、海外雄飛を目指したとされる。

・龍馬は理解力、咀嚼力に優れ、人を見る目があり、胆力ありとされる。脱藩から横死するまで5年間に多彩な活動で名を残した。

武市半平太は、「龍馬は土佐国ではあだたぬ奴（包容しきれぬ）」、西郷隆盛は、「度量の大、龍馬の如くのもの、未だかってみず」と評している。

4　薩摩の財政

・薩摩藩の幕末の活動には多額の資金を必要としたが、その財源は、琉球との交易、琉球経由の中国との密貿易、通貨鋳造益など。

・通貨鋳造による莫大な利益獲得は次のような事情による。
1862年　英仏船対策で琉球官民が疲弊していることを理由に、琉球と薩摩藩内にのみ通用する「琉球通宝」鋳造の許可を幕府に願い、3ヵ年、100万両の製造を許可された。琉球通宝は天保通宝と同型同質で領外にも通用、やがて、天保通宝も製造（贋金である）、290万両に及び、京、大阪でも通用、莫大な鋳造益を手にした。
・鋳造に必要な銅を他藩から輸入、各藩との交易増大、琉球経由の密輸品にも結び付け、交易利益を稼いだ（交易は亀山社中が下請け）。
1863年には広島から銅、米、塩を輸入、琉球通宝で支払い、更に、貸付までし、広島との幕末の提携関係の基礎となった。

第2章

幕府体制の終焉、討幕

第1節　慶喜将軍就任、孝明天皇崩御、明治天皇践祚

1　慶喜の幕府陸軍改革

・仏公使ロッシュ（1864年着任）が幕府に接近（英公使パークス（1865年着任）の薩長との親善関係推進に対抗）。

1866年（慶応2年）8月　慶喜は仏の力を借り幕府直轄常備軍整備。

i　3千石以上の旗本の軍役動員人数を34人、全員銃手とする（従来は、動員数56人、うち銃手3人）。

ii　老中を軍事総裁、その下に、陸軍総裁、海軍総裁、陸軍総裁の下に歩兵奉行、騎兵奉行、大砲頭、海軍総裁の下に海軍奉行、軍艦奉行などを置く。

iii　旗本は動員兵の給金を幕府に上納、幕府はそれを財源に庶民兵を雇う。

iv　仏から陸軍教官を招き、横浜伝習所設置（後日、駒場野へ移転）。軍服も仏様式とする。

・慶応3年末には、歩兵7個連隊、騎兵1隊、砲兵4隊、合計1万数千人の近代的幕府陸軍が整備された。

2　慶喜将軍就任

・1866年（慶応2年）7月20日　将軍家茂病没。

8月20日　慶喜、徳川宗家家督承継。将軍職は固辞。慶喜は固辞して周囲から押されるのを待った。

11月　孝明天皇から将軍就任を懇請され、12月5日　慶喜15代将軍就任（30歳）。

・慶喜は1837年生。水戸斉昭の第七子（七郎麿）。母は有栖川宮織仁親王の王女登美宮吉子《よしこ》（才媛の誉高き女性とされる）。1847年まで水戸で過ごし、会沢正志斎から学問、武術を学び、11歳で一橋家を継ぎ、慶喜となった。

・将軍となった慶喜は、軍事総裁、国内事務総裁、外国事務総裁、会計総裁を設け、老中を充て、その上で老中会議で国内政務を処理するよう老中執務を改革。

・慶喜の直面する問題は、長州処分問題と兵庫開港問題であった。

3　孝明天皇崩御、明治天皇践祚

イ　孝明天皇崩御、明治天皇践祚

・慶喜将軍就任直後の慶応2年12月25日　孝明天皇病没（36歳）。死因は天然痘とされる。岩倉具視による毒殺説、長州による毒殺説もある。孝明天皇は公武合体論者で、倒幕派にとっては障害となる存在となっていたことからの毒殺説であろうが、信憑性はない。
・慶応3年（1867年）1月9日　孝明天皇の皇子睦仁《むつひと》親王践祚（1852年生、17歳）。母は中山忠能《ただやす》の娘慶子。摂政は二条斉敬。
・1月15日　九条尚忠、徳大寺実則以下13人、25日　熾仁親王、中山忠能以下9人、3月29日　晃親王以下28人の長州派公卿赦免。

ロ　朝彦親王の左遷

・朝彦親王は公武合体派、攘夷派で孝明天皇とは政治理念を同じくし、孝明と親密な関係にあったことから、孝明崩御以後、倒幕派からは疎まれる存在となり、やがて、京都郊外の粟田村に閑居。
・慶応4年（1868年）8月、慶喜と諮り、京都で挙兵、徳川政権復興を目論んだとの理由で広島に流謫（岩倉、三条の謀略で事実無根）。明治3年閏10月20日　許されて京都に帰り、8年5月　一家を建てて久邇宮を称する。24年10月29日没、68歳。
維新後は活躍の場はなかった。親王の第三王子久邇宮邦彦《くにのみやくによし》の長女良子《ながこ》は昭和天皇皇后である。

ハ　明治天皇を巡る異説

睦仁親王は、小柄、ひ弱な体質、右利きであるのに、明治天皇は身長170センチメートルと大柄、骨太、左利きなどの多くの身体の相違点があり、また、皇后と一緒に過ごしていないとされる。

睦仁親王を知る人は、「まるで人が変わったようだ」との証言もあり、睦仁親王と明治天皇は別人説がある。

明治天皇は、長州が匿っていた南朝の末裔、大室寅之祐（奇兵隊所属、隊長は伊藤博文）で、鳥羽伏見戦の最中に、岩倉、三条、大久保、木戸、伊藤などが天皇をすり替え、その後、睦仁親王は密殺されたとする（加治将一氏資料）。

4　兵庫開港と長州寛典問題

イ　慶喜の動きと4侯会議

・英仏蘭など諸国が兵庫早期開港を要求（条約上は1868年1月）。

慶応3年3月5日　将軍慶喜は兵庫開港の勅許を求めるが、勅許下りず。

・3月28日　慶喜は、大阪城でパークス（英）、ボルスブロック（蘭）、ロッシュ（仏）、ファルケンボルグ（米）と謁見、兵庫開港明言。

□　4侯と慶喜

薩摩の小松、西郷、大久保は、4侯会議（島津久光、松平春嶽、山内容堂、伊達宗城）を開き、長州処分を寛大なものとする、兵庫開港、外交権を朝廷に移管、徳川は諸侯となり国家主権を天皇に移すことを合意し、慶喜に迫ろうと謀る。

4月12日　島津久光、藩兵700人を率いて上洛。

5月17日　4侯会議、4侯で長州の寛典、兵庫開港を合意。

19日　慶喜と3侯（容堂欠席）会談。3侯は長州寛典（毛利父子の官位復旧と10万石減封取消し）先決を主張したが、兵庫開港と同時に朝議に諮ることで合意。

23日　慶喜は、朝議に上記2件を諮り、24日夜　兵庫開港勅許、長州寛典も勅許となったが、慶喜は長州の汚名取消しには消極的で寛典の内容は決まらず、4侯は慶喜に強い不信感を抱いた。

29日　薩摩は京都藩邸の久光の御前会議で、長州と共に兵力を背景とした政変決行を決定。西郷は倒幕を考えるが、久光は武力倒幕は容認しなかった。久光は体調不良で帰国。

6月6日　兵庫開港、江戸・大阪市に外国人居留を赦す旨布告。

第2節　大政奉還

1　土佐、薩摩の動き

イ　土佐藩の動き

・慶應3年6月17日　土佐の後藤象二郎（1838～97年　吉田東洋（1816～62年　土佐藩参政、佐幕開国派、暗殺された）の義理の甥、東洋に師事）、福岡孝弟《たかちか》（1835～1919年　吉田東洋に師事）が慶喜に大政奉還を求める書を起草。

坂本龍馬が長崎から京へ向かう船中で後藤に見せた船中八策（幕政返上、議会開設、人材登用、外交刷新、法典整備、海軍拡張、親兵設置、幣制改革。伝えられる龍馬の政治構想を盛り込んで創作された偽文書ともされる）が織り込まれたとされる。

・前年8月　松平春嶽が慶喜に7ヶ条建言（天下の大権を朝廷に返上すべしなど）。その内容を、1月　木戸が知り、坂本に書簡で知らせ、坂本が後藤に働きかけ、後藤の動きに繋がったとする（青山忠正氏）。

・また、5月　赤松小三郎（信州上田藩の微禄藩士、佐久間象山、勝海舟、長崎海軍伝習所に学び、横浜で英語と英国式歩兵練法を習得、京都で兵塾主宰、慶応3年9月　暗殺）が、島津久光、松平春嶽に建言書提出。政体変革、天子の下に6宰相設置（大閣老、財務、軍事、外交、司法、租税担当。行政府）、議政局上下2院設置（上院は堂上・諸侯・旗本から30人、下院は諸国から130人（身分不問）、行政府が議政局に拒否権を発動しても議政局が再議決すれば政令公布可）、陸海軍は志願兵（含庶民）で構成、将来は武士身分を減じるべしとする。米国制度を参考にしたもので、土佐の大政奉還建白書に影響を与えたとされる。

ロ　薩摩、土佐合意へ

・6月22日　土薩会談

後藤、福岡、小松、西郷、大久保が京都で会談、坂本、中岡陪席。

土佐藩構想の大条理（慶喜から将軍職を奪う、王政復古の実現を前提とした国体の匡正）の実現をめざし議論。

新政府案につき合意、薩土盟約書作成（上（公家・諸侯で構成）下（陪臣から庶民まで選挙で構成）2院制議事院創設、慶喜は政権返上、将軍職廃止、諸侯とする）。

文面には記されていないが、慶喜が建白書を受け入れない場合は、兵力を以て迫ることを暗に踏まえていた。

後藤は、帰国、主君の命を受けて、兵力を率いて再上京することを合意。

・7月3日　広島辻将曹《しょうそう》（1823～94年）と薩摩小松、西郷、土佐後藤会談。辻は薩土合意に賛同。

広島は、備前岡山藩池田家、因州鳥取藩池田家、阿波徳島藩蜂須賀家に内容を説明、賛同を得る。

・薩摩西郷は、土薩合意を長州品川弥次郎、山県有朋にも示し、長州も協力約束。

ハ　薩土合意の骨抜きと薩摩の動き

・土佐の後藤は土薩合意を持って帰国したが、容堂は2大隊の京都派遣不可とし、合意から慶喜の将軍職辞職を削除。

9月2日　後藤、京都帰着。王政復古の国体とすべきのみの大政奉還建白書となった。

7日　京都で土薩の後藤、西郷、小松、大久保会談。

容堂の意向で薩土合意から慶喜の将軍職辞職が抜けたことで、西郷は挙兵、政変を主張、建白書の署名を断る。

・大久保は山口に行き、毛利藩主父子、重臣に薩摩は王政復古のクーデターを責任を以て実行するとして長州の協力を求める。

・9月20日　薩摩（850人）、長州（480人）、広島（500人）の出兵協定成立。9

月末までに大阪湾に集結、政変決行とする。

しかし、薩摩国元鹿児島では出兵反対論（島津・徳川は姻戚である、薩摩単独で幕府には勝てない、藩財政難）が根強く、出兵が実現しなかった。

二　土佐、大政奉還建白書を幕府に

・9月20日　後藤は、幕府大目付永井尚行と会談、建白書提出を勧められる。

10月2日　薩摩から建白書提出に反対しないとの連絡。

3日　京都二条城で、後藤、福岡が老中首座板倉勝静《かつきよ》（備中松山藩主、1823～89年）に山内容堂の大政奉還建白書（国体不変、王政復古、朝廷に上下議政所（庶民まで参加）設置）提出。

6日　広島が政権奉還建白書（天子親政実現）を老中首座板倉に提出。

・当時、慶喜が建白書を受諾する可能性は低い、乃至、受諾にはかなりの時間を要すると見られていた。処が、慶喜は春嶽に相談、春嶽は大政奉還論で反対せず、慶喜は独断で大政奉還を決める。

2　慶喜、大政奉還

イ　慶喜、大政奉還

・10月12日　慶喜は、老中以下在京の幕府役人、13日　二条城で在京の10万石以上の藩(40)の重臣に大政奉還を告げる。両日とも発言する者なし。

13日　居残った薩摩小松、土佐後藤、広島辻は慶喜に「速やかに参内、大政奉還の上表を提出して欲しい」と願出、慶喜は「3藩で朝廷に働きかけて欲しい」と要請。3人は動く。

14日　朝権一途、旧習一新、政権奉帰、同心協力、皇国保護の建白(大政奉還上表文)を慶喜は朝廷に提出(政権を朝廷に返し、広く天下に広議を尽くし、聖断を仰ぎ同心協力、共に皇国を保護仕るという内容)。

15日　大政奉還勅許の沙汰書。

・建白書を提出しても、慶喜の武家の頭領としての立場に変化はない。慶喜は倒幕派の動きを察知し先手を打ったことになる。

久光、国内諸勢力、外国公使団は慶喜の大政奉還を歓迎。慶喜は潔く身を引いたことで支持上昇。朝廷の許に樹立される新政府では慶喜が主導権を持つことが予想された。

慶喜は、自分が指導者となって改革を断行、将来は英米を模した議会制度に転換する積りであったと解されている。

・慶喜の大政奉還の趣旨は政権奉帰、政権帰一で、自らが朝廷に乗り込んで旧習、悪弊を改め、政令が一途に出るようにすることであったと見る（岩下哲典氏）。

ロ　慶喜周辺の体制改革提案

・慶応3年9月　開成所教授津田真道《まみち》は、慶喜に、米国の大統領、上下院制を模した大頭領制を提案。

・10月13日　西周《あまね》（幕府から蘭（ライデン大学）へ留学、慶應1年12月帰国、開成所教授）が英国議会制度につき慶喜に進講。11月　議案書を慶喜側近の平山図書に提出。要旨は以下の通り。

i　大君は最高指導者となり、大阪に設置する行政府を主宰。

ii　立法府議政院設置、上下院とし、上院は1万石以上の大名、下院は各藩主が指名する者（1名）で構成。大君は上院議長を兼ね、下院の解散権を持つ。

iii　天皇は、元号・度量衡の制定、叙勲権を持つ。

・小栗上野介は、諸藩廃止、郡県制を主張。

第3節　倒幕への動き

1　討幕の密勅

イ　討幕の密勅

薩長は倒幕、徳川支配体制打倒を行動に移しつつあった。

・慶応３年10月６日　大久保利通が岩倉具視、中御門経之《つねゆき》に呼ばれ、品川弥次郎（長州）と共に訪問。岩倉が倒幕に動き出す。

８日　大久保（薩摩）、広沢直臣（長州　金吾、兵助、１８３４〜７１年）、植田乙次郎（広島）が中御門経之、中山忠能を訪ね、薩長芸出兵盟約を示す。

８日　薩摩（小松、西郷、大久保）、長州（広沢、品川）、広島（辻）が会談。出兵、政変、新政府樹立方針を確認。

・薩摩は藩内の出兵反対論を封じるため、武力行使を正義と認める宣旨発出を前大納言中山忠能、権中納言中御門経之、前大納言正親町三条実愛に要請。この時点では、慶喜の大政奉還の動きを知らなかった。

13日　大久保、広沢が岩倉に呼ばれ、毛利敬親父子の官位復旧の沙汰書。

14日　正親町三条から討将軍の詔（賊臣慶喜殺、会津宰相京都守護、桑名中将京都所司

代誅罰の沙汰書）を大久保（薩摩）、広沢（長州）が受取る。

沙汰書と密勅は摂政二条斉敬の署名はなく、上記3名の公卿の署名のみ、花押なし、天皇の裁可もなしの偽勅で、中山（岩倉の知恵袋と言われた玉松操《みさお》が草案作成）が書いたとされる。当時、秘物と称された。

19日　小松、西郷、大久保は秘物を持ち帰国。途中、長州の毛利父子に拝謁、上方出兵要請、26日　鹿児島着。

しかし、慶喜の大政奉還で密勅は意味を失った。

ロ　大政奉還で島津茂久上洛

慶喜の大政奉還を知って、今後の政治体制で主導権を握り、慶喜の力を削ぐため、10月29日　薩摩は藩主島津茂久、上洛決定。

久光は体調が優れず、茂久の上洛となった。久光は慶喜を嫌ったが、大政奉還の決断は評価、倒幕には反対であった。

藩主茂久は西郷の倒幕路線を承認、西郷は茂久を戴くことで行動の自由を得た。。

2　大政奉還後の動静

・10月15日　朝廷は諸侯の合議で今後の対応を決めるため、10万石以上の諸侯に上洛を命じ、尾張徳川慶勝、越前松平春嶽、薩摩島津久光、宇和島伊達宗城、土佐山内容堂、広島浅野長訓《ながくに》、佐賀鍋島閑叟、岡山池田茂政の8侯には至急上洛を命じた。

21日　朝廷は薩摩、長州藩に討幕の密勅の実行中止を命じる。

22日　朝廷は、諸侯上京まで慶喜に庶政委任。

24日　慶喜、将軍辞職書提出、朝廷は受理保留。

11月25日　後藤、福岡（土佐）などが春嶽に面会。越前、尾張、熊本、土佐、広島、薩摩、鳥取、岡山の8藩で新政府樹立。上下院創設、上院は慶喜、二条が主宰、朝議は正親町三条に動かす案を説明。

27日　大久保（11月15日上洛）は春嶽に呼ばれ、25日の会談につき意見を求められ（後藤同席）、慶喜・二条の上院主宰に反対。慶喜については「けじめ」をつける必要があると主張。

・慶喜は朝廷の経費増に対応するため数万両献金。

江戸在府の譜代藩主の間には大政奉還への反発があり、朝廷は11月に慶喜に鎮撫命令を出す。

3　坂本龍馬暗殺

イ　龍馬暗殺

11月15日夜、坂本龍馬が暗殺された。龍馬は「内乱は避けねばならず、その有効な手は将軍の大政奉還」と考えており、慶喜の大政奉還を歓迎、これで幕末の騒乱は終わったと考えていたとされる。

京都蛸薬師の近江屋（土佐藩出入りの醤油商、土佐藩邸の向側にあった）2階に、土佐藩中岡慎太郎と宿泊中に襲われ落命。

龍馬は公武合体論者、当時、幕府の要注意人物からは除外されている。倒幕論者にとっては、龍馬は倒幕阻止に動く可能性のある存在となっていた。

ロ　龍馬暗殺者は誰か

龍馬暗殺については諸説があるが真相は不明である。

①　新撰組殺害説

龍馬遭難直後に近江屋に駆け付けた谷干城《たてき》（土佐）に、まだ、息のあった中岡が「賊は新選組、襲撃者は2人、出した名刺は十津川郷士のものであった」と伝えたとされ、現場には新選組の刀の鞘があった（新選組伊東甲子太郎の証言とされるが、伊東は3日後に新選組に殺害されている）、遺留品の下駄は新選組の行きつけの料亭「瓢亭」の刻印が入っていたなどから新選組犯人説がある。

しかし、後日、組長近藤勇は、「まるで知らない」と答えていること、新選組には倒幕派でない龍馬を殺害する理由がないこと、現場に残された刀鞘や下駄は暗に偽装工作を示していると考えられ、新選組犯人説は難点がある。

② 京都見廻り組殺害説

明治3年　見廻り組元組員今井信郎（のぶお）が、見廻り組佐々木只三郎（鳥羽伏見戦で戦死）とその部下が殺害したと証言、明治33年には自分が龍馬を殺害したと主張している。かなりの時間経過後の証言であり、2度目には内容も変わっており、信憑性に欠ける。見回り組も幕府側であり、殺害動機にも疑問がある。新選組乃至見回り組の凶行とすれば組内の独断者によるものかもしれない。

③ 倒幕派殺害説

i　龍馬は薩摩の内情を知りすぎた、慶喜を新政権の盟主に据えようとするなど龍馬は薩摩藩の倒幕派（西郷、大久保など）にとって邪魔な存在となっていた。このため薩摩藩が龍馬を殺害したとの説。

ii　倒幕論者の中岡慎太郎が、当夜、龍馬に倒幕を説得したが果たせず、居合で龍馬を斬り、自らも傷を負い、2，3日後に切腹。土佐藩が状況証拠を捏造したとする説。いずれも確証はない。

4　薩摩主導で倒幕へ

・11月13日　島津茂久、鹿児島発。西郷、大久保同行。山口で毛利定弘（世子）と会い、薩長芸共同出兵協定を再び結ぶ。
23日　千人の兵を率いて島津茂久と西郷入洛。薩摩在京兵力は2800となり、会津とほぼ拮抗。この頃の西郷は「倒幕の狂気」にあったとされる。
28日　広島世子浅野茂勲《もちこと》、兵300を率いて入洛。
29日　長州兵1200、兵庫上陸。
・11月29日　大久保が正親町三条実愛邸に行き、「薩、芸、長の兵が上洛した。政変への反対者は掃討する」と説明、正親町三条は政変決行決心。
12月2日　西郷、大久保が後藤を訪ね、政変決行に後藤も雷同、12月8日の決行合意。尾張は政変反対、広島は積極的、越前（春嶽）は慎重。
・5日　西郷、大久保、後藤などが政変手順と新政府案を談合（西郷、大久保は藩主茂久の承認が得たが、薩摩藩の総意ではなかった）。内容は以下の通り。

ⅰ　摂関、朝議廃止。
ⅱ　総裁（有栖川宮）、議定（山階宮、仁和寺宮、薩摩・広島・土佐・尾張・越前藩主、正親町三条など）、参与（西郷、大久保、岩倉など）で太政官を構成。
ⅲ　政変動員は、薩摩、土佐、越前、広島、尾張の５藩。
ⅳ　慶喜には辞官納地、京都守護職（会津松平容保）・京都所司代（桑名松平定敬）は廃職、帰国を求める。
・６日　春嶽が、中根雪江から慶喜に、「恭順の姿勢を失うことのないように」と伝言。慶喜はこれを容れ、会津藩に動かないよう命じた。

第４節　王政復古のクーデター

１　王政復古のクーデター（慶応３年12月９日）

イ　12月９日までの動き

・12月６、７日　長州処分問題で朝議。
８日　諸侯（越前、広島、尾張）を加えて朝議。９日朝までに、岩倉の蟄居解除、三条実美等７卿赦免、長州藩主父子官位復旧決定。

摂政二条斉敬、朝彦親王退出。正親町三条、中山忠能、長谷信篤と松平春嶽、浅野茂勲、尾張慶勝が残る。

・8日夕　岩倉が屋敷に5藩（薩摩、広島、越前、土佐、尾張）要人を呼び、明日、王政復古の新政府誕生の運びとなったと告げ、薩摩720人、広島70人、越前80人、土佐70人、尾張75人に御所警備を命じる。会津、桑名は二条城へ引き上げた。

ロ　12月9日のクーデター

①　王政復古の大号令（10時頃）

岩倉、正親町三条、中山、中御門が明治天皇に王政復古の勅諭上奏、勅許。王政復古の大号令は前文と7項目からなる（岩倉、大久保が国学者玉松操に起草させたとされる）。「自今、摂関、幕府等廃絶、即今先、仮ニ総裁、議定、参与三職被置、…神武創業之始ニ原キ、公卿、武弁、堂上（公家）、地下之無別、至当之公議ヲ…」とあり、公議による政治と身分に関わらない政治参画を述べている。

小御所で参内した5藩の重臣と公家に政変が行われた旨申し渡し。

②　小御所会議開催（16時過ぎ）

・有栖川宮熾仁親王、山階宮晃《やましなのみやあきら》親王、仁和寺宮嘉彰《よしあきら》親王（小松宮彰仁親王）、公家の正親町三条実愛（嵯峨と改称）、長谷信篤、中山忠能、中御門経之、岩倉具視、武家の尾張徳川慶勝、松平春嶽、山内容堂、島津茂久、浅野茂勲の13人が出席（五摂家、左右大臣などは排除）。中根雪江（越前）、大久保利通（薩摩）、後藤象二郎（土佐）、辻将曽（広島）など陪席。

・中山から「新政府の基本を定めるように」との天皇の言葉が告げられ、公家側から慶喜の辞官（内大臣を辞める）納地を求める議題が出された。

春嶽は、５藩だけの政府、薩摩主導の政変に違和感があり、有力諸侯参加の政府という年来の主張を展開。

容堂は、大政奉還の英断をした慶喜を新政府に参加させるべしと主張。天皇の外祖父中山忠能に、「幼沖《ようちゅう》の天皇を擁して権力を私しようとするものではないか」と批判。岩倉が、「幼沖の天皇を擁して」とは無礼と叱責。容堂の指摘は正鵠を射ており、それだけに岩倉の反撃も厳しかった。

大久保は慶喜の辞官納地を求め、「抵抗すれば討伐すべし」と主張。

尾張慶勝、浅野茂勲、松平春嶽は容堂支持。

会議は膠着、深夜となり、一時休憩。

・この間に、警備の任にあった西郷が、「短刀一本あれば片が付くと岩倉に伝えてくれ」

と伝言。岩倉は浅野に伝え、浅野から容堂、春嶽に伝わった。再開後、容堂、春嶽は沈黙。
・慶喜の辞官納地。幕府、京都守護職・所司代、摂関・内覧・議奏・武家伝奏廃止。総裁、議定（10人）、参与（20人）設置が決まり、五藩の連合政権として新政府が誕生した。
総裁　有栖川宮熾仁親王。
議定　山階宮晃親王・仁和寺宮嘉彰親王・中山忠能・正親町三条実愛・中御門経之・五藩藩主（尾張徳川慶勝、越前松平春嶽、土佐山内容堂、薩摩島津茂久、広島浅野茂勲）。
参与　岩倉具視、長谷信篤、万里小路《までのこうじ》博房、橋本実梁《さねやな》、正親町公董《きみただ》、烏丸光徳と五藩の藩士3人（広島のみ2人）ずつ（西郷隆盛、大久保利通、後藤象二郎、辻将曽、中根雪江など）。

2　慶喜の対応

イ　慶喜、大阪へ退去

・慶喜も会津も、土佐藩や春嶽を通じて、事前に薩摩のクーデターの情報は掴んでいたが、御所を幕府の管理下に置く非常措置は取らなかった。
・12月10日　小御所会議で慶喜へ諭達者は松平春嶽と尾張慶勝と決まり、2人は慶喜に辞官（内大臣辞任）納地（幕領２００万石返納）を伝えた。

12日　慶喜はもともと尊王思想であり、偶発の衝突で御所に向けての発砲を怖れ、京都二条城（幕兵５千と会津、桑名藩兵が居た）から大阪城へ移る。

大阪城には、幕府軍、会津・桑名藩の兵が併せて約１万と江戸からの増援部隊併せて１万５千の兵力があり、幕府軍が京都を軍事的にも経済的にも封鎖出来る情勢にあった。

諸藩も薩摩側不利との見方が多く、新政府内にも政変の薩摩主導への批判があり、土佐、広島は距離を置き始め、連合政権五藩の間に乱れが生じていた。

・12月16日　慶喜は、仏、英、米、蘭、伊、普公使と引見。

小御所会議の決定を非難、諸国に内政不干渉を要請、自分は外国との条約は守ると発言。

□　新政府の対応

12月24日　春嶽と尾張藩家老成瀬正肥《まさみつ》が大阪城の慶喜を訪れ、「御政務用途之分、領地之内ヨリ取調之上、天下之公論ヲ以テ御確定…」の沙汰書を渡す。

28日　慶喜は、辞官は了解、前内大臣と称する、納地については、徳川家と諸大名の所領の一定割合を朝廷の費用として献上する、その分担割合は慶喜主宰の会議で決めるとの請書提出、朝廷の王土論（公地公民論）を拒否した。

同日　岩倉（27日　議定に昇任）と薩摩は、慶喜が上洛、参内すれば、議定とする方針を内定していた。

ハ　江戸の対応

・大政奉還、王政復古のクーデターを知り、勘定奉行小栗上野介は主戦2策を提案

ⅰ　旗本を上京させて戦い京都制圧、薩摩、長州、土佐に派兵、制圧。

ⅱ　将軍慶喜は江戸へ引き上げ、江戸の防備を固める。

・小栗は1827年生。2500石旗本。外国、江戸、歩兵、陸軍、海軍、軍艦、勘定奉行歴任の俊秀。財政通で勘定奉行を4回務めた。

大海軍構想を持ち、横須賀製鉄所・造船所建設（1865年着工）、軍艦、大砲、小銃購入を仏公使ロッシュからの借款で賄い、生糸貿易、鉱山開発の利益で返済する考えで、慶喜の理解を得ていた。

・在京老中板倉勝静から、「可能な限り兵を上京させよ」との指令があり、増援部隊派遣となった。

3　薩摩の江戸攪乱、藩邸焼失～鳥羽伏見開戦へ

イ　薩摩、江戸での狼藉作戦で幕府刺激

・慶応3年10月　西郷は、薩摩藩益満《ますみつ》久《きゅう》之助《のすけ》と関東郷士相楽《さがら》総三（下総生まれの尊攘派、本名　小島四郎、慶應2～3年に在京、薩摩と知り合ったとされる）を江戸に送り、「江戸攪乱、幕府挑発」を命じた。

・相楽は、江戸薩摩藩邸に無頼の徒を集め、富商、富豪宅に押し入り、御用金と称して金品強奪、殺人、暴行を繰り返しては三田薩摩藩邸（上屋敷）に逃げ込んだ。日本橋御用達播磨屋1万5千両、蔵前札差伊勢屋3万両など多くが被害を受けた。江戸のみならず、野州、武州、相州にまで被害は及んでいる。

金で雇われた無頼の徒は総勢500人に及んだとされる。幕府は薩摩藩を刺激しないよう微温的な対応をとった。相楽は、12月22日　庄内藩（江戸市中取締担当）屯所銃撃、23日早朝　江戸城二の丸（天璋院篤姫居住）出火（薩摩藩放火の噂）、夜　庄内藩士銃撃に及び、遂に、25日　幕府首脳は庄内藩に命じて薩摩江戸藩邸を包囲、下手人引き渡しを求めた。拒否され、戦闘、薩摩藩邸焼失。

この事態で、藩内に異論もあった薩摩藩が幕府との武力対決でまとまり、西郷にとっては天祐となった。

ロ　慶喜、薩摩の挑発に乗せられる

・慶喜は、朝廷内の情勢の自分に有利な方向への変化を見て取り、軍勢を連れず、軽装で上洛する積りでいた。

12月28日　大目付滝川具挙（智明）が急使として、江戸での薩摩騒擾を大阪に伝えた。徳川、会津の兵に反薩摩の気勢が上がり、慶喜も開戦を決意する。

・1868年（慶応4年）、岩倉44歳、西郷42歳、大久保39歳、木戸36歳、井上馨34歳、三条実美・板垣退助32歳、山県有朋・大隈重信31歳、伊藤博文28歳、勝海舟46歳であった。

第5節　鳥羽伏見戦～戊辰戦争始まる

1　戦前の状況

・幕府軍は、大阪城に江戸から増援兵を迎え凡そ15000人（主力は仏式訓練を積んだ歩兵部隊）、大阪湾には海軍配置。

新政権軍は、薩摩3000人程を中核に、長州1000人（主力は国元に温存）など総勢凡そ5000人。

幕府軍が圧倒的に優勢、戦えば幕府軍勝利の情勢であった。

西郷、大久保は開戦直前、京都を幕軍に制圧された場合には天皇を山陰路から姫路を抜け岡山に逃がす方途を準備していた。
・慶応４年１月１日　慶喜は卒兵上洛を大阪城内に布告。幕府は討薩表（薩摩の江戸での騒擾を弾劾、薩摩藩内の奸臣（西郷、大久保など）の引渡しを求め、応じなければ討薩）を作成。
１月３日入京と決め、１月２日　１万の兵を鳥羽、伏見２軍に分けて進軍、平押しで京都占領を考えた（京都包囲作戦は考えなかった）。鳥羽には幕兵、見廻組、桑名藩兵、伏見には幕兵、新選組、会津藩兵を配した。

諸藩では、会津、桑名、高松、松山、大垣、津藩などが幕軍に参加。

２　鳥羽伏見戦

新政権軍は薩摩、長州が主力、広島は出兵辞退、土佐は出兵したが戦意はなかった。

幕府軍は、老中格大河内正質《まさただ》を総督とし、１月２日　老中稲葉正邦の淀藩の藩校明信館を本営とした。

ｉ　１月３日早朝　大目付滝川具挙が討薩表を掲げて先頭に立ち、京都見廻組（４００人）が従う。中軍は幕府陸軍２大隊・大砲４門、後軍は幕府陸軍１大隊・大砲２門、桑名藩兵、大砲2門と続いた。

道は細く2列縦隊となり、談判優先で大砲に弾薬装填をしていなかった。淀までは何事もなく進み、鳥羽街道に入り、鴨川に掛かる小枝橋付近で、滝川は薩摩軍の監軍に「京に参る」と告げるが、「朝廷の許可がなければ通行を認めぬ」と拒絶され、夕刻まで押し問答。

午後5時頃、滝川は「入京する」と宣言、薩摩は、「臨機に対応する」と応じて決裂。

薩摩軍は即戦の綿密な計画をたて、小枝橋前面に矢来を組み小銃隊、鴨川の東側に砲兵、小銃隊を配し、大砲も弾薬装填、幕軍を横から攻撃する体制を整えていた。これに対し、幕軍は談判を優先、即戦の対応に抜かった。

談判決裂で薩摩軍は直ちに滝川軍を砲撃、見廻り組は銃撃の的となり幕軍混乱、押し返し激戦となったが、挽回できず退却。

伏見でも幕府と薩摩が押問答、鳥羽の砲声を聞き、薩摩砲兵が伏見奉行所を砲撃、銃撃戦、会津、新選組の槍隊、抜刀隊が奮戦したが、奉行所炎上、午前0時頃、長州兵が奉行所に突入、薩摩兵も続き、奉行所占領。

・朝廷内では、議定、参与の公家達が薩長苦戦と聞き、「戦は薩長と会津・桑名の戦で、朝廷と徳川の戦ではない」と自己保全の動きがあったが、勝利の報で空気は一転。この機に、大久保は、慶喜討伐を諸藩に布告、仁和寺宮嘉彰親王を征討大将軍に任じ、錦旗、節刀下賜を朝議に諮るよう迫った。

ii　4日　歩兵奉行佐久間信久率いる幕府精鋭部隊が出撃。砲撃、小銃攻撃で薩軍を押し、進攻したが、総督大河内は後詰めを出さなかったため押し返され、両軍激戦。

新政権は、4日　仁和寺宮嘉彰親王を征討大将軍に任じ、親王は錦旗と共に東寺に入り、東寺に錦旗が立つ。（旗印が必要と思いついたのは西郷で、岩倉が急拵えで作らせたとされる）。

夕刻、淀城が幕軍の入城拒否、新政権軍に付く。藩主は、京都所司代、老中を務めた稲葉正邦で江戸に在った。正邦は陸奥二本松藩主丹羽永富の7男で稲葉家に養子に入った藩主で、家老田辺権太夫派と確執があり、家老は藩主を無視、新政権恭順の密約を結んだとされる。

iii　5日　慶喜は鳥羽伏見の苦戦を聞き、「一騎となっても退くべからず。力を尽くせ」と鼓舞激励。

淀堤千両松、富の森（京都市伏見区）で両軍激戦となったが幕軍敗走。

iv　6日　津藩藤堂軍が薩軍に寝返り、幕軍を砲撃。幕軍は大阪城へ退却。慶喜は、明朝陣頭指揮して反攻を宣言。

しかし、慶喜は陣頭に立つことなく、6日夜　大阪城脱出。7日　開陽丸に乗船、会津松平容保、桑名松平定敬、老中板倉勝静などとともに江戸へ（開陽丸は艦長榎本武揚を残して出航、榎本は憤慨）。

v　11日　品川沖着、午前11時頃、江戸城西の丸に入る。
慶喜の将軍就任後の初めての江戸入りは敗軍の将であった。大奥は慶喜を拒否したという。置き去りにされた幕軍将兵、会津、桑名藩も軍艦に乗船、江戸に去った。

vi　様子見であった西国、畿内、北陸、東海の諸藩は勝ち馬の新政権側に乗った。

幕府側の敗因は、薩長藩兵力を甘く見たこと、幕府側兵力は1万5千あったが統一的な指揮、統制がとれなかったこと、慶喜の態度が一貫せず、最後は自ら逃亡したことであろう。

西郷は、慶喜が大阪城に籠って戦う事態となることを怖れていたが、望外の結果を手にした。

3　何故、慶喜は大阪から撤退したのか

・水戸生まれの慶喜は尊王思想の持主で、天皇に刃向かい、賊軍となることを恐れていた。

鳥羽伏見戦の最中に親王が征討大将軍が任ぜられ、錦旗が薩長軍に立ち、賊軍とされた現実に衝撃を受け、恭順のため大阪から退去したと見られている。

徳川幕府支配の基礎はその持つ武力にあったが、支配の正統性は天皇から征夷大将軍に任ぜられ、統治権を白紙委任されたことにある。形の上では将軍の上に天皇があり、このため、歴代の将軍には基底に尊王思想があったとされる。

・西郷が寺島宗則（薩摩）を神戸の英公使パークスの許へ送り、慶喜に圧力をかけることを依頼、パークスは慶喜宛に「慶喜が政権返上したのなら今の日本の主権者は朝廷である。主権者に対する内乱が長引くようであれば、諸外国は何時までも局外中立を保つことはできない。早く京都と和解して江戸に帰り内乱を避ける方が良い。居留民保護のため大阪城攻撃に加わることがある」とする書簡を1月5日に送ったとされ、それが慶喜の大阪脱出の因となったとする見解もある。

・慶喜には朝廷に敵対する意志はなかった。配下はそれを十分に分かっていなかった。君側の奸を除くという名分に慶喜は乗せられたとする見解もある（岩下哲典氏）。

第6節　鳥羽伏見戦後の新政府（朝廷）、幕府の動き

1　新政府（朝廷）の動き

・1月7日　総裁有栖川宮が慶喜追討令発出。
9日　東山道鎮撫総督岩倉具定、北陸道鎮撫総督高倉永佶《ながきち》任命。東海道鎮撫総督は橋本実梁（1月4日任）。
新政府軍先鋒部隊が大阪城に入る。
10日　徳川慶喜、松平容保、定敬（桑名）等の官位剥奪通達。
・新政府は、朝敵として第一に慶喜、第二に会津・桑名、第三に近くの譜代藩を挙げ、東海・東山・北陸三道から江戸進軍を目指すこととした。
岡山、広島、土佐などの雄藩には譜代藩を取り鎮めるよう命じ、賊軍追討令を請ける藩は請書提出、国力相応の兵を率いての上京を命じる。また、新政府は徳川譜代の家臣にも朝廷への帰属を呼びかけ、応じる者は朝臣とするとした。
・25日　木戸を参与に任命。
28日　仁和寺宮、京都へ凱旋。錦旗、節刀返上。
鳥羽伏見戦から1か月程で新政府は西日本諸藩を征した。

2 新政府の治世

・京都市中、山城国内の幕府領を接収。
1月20日　大和（5月2日　奈良県に移行）、22日　大阪、兵庫に鎮台（占領統治の軍政機関）設置。
27日　大阪鎮台を大阪裁判所（地方統治機関）に名称変更。兵庫鎮台は2月2日に兵庫裁判所に移行。その後、長崎、京都、横浜、箱館、新潟などに裁判所設置。
2月3日　天皇親征令発出。
6日　鎮撫総督を先鋒総督兼鎮撫使に改称。
9日　総裁有栖川宮を征東大総督に任命。
14日　参謀に正親町公薫、西四辻公業《きみなり》、西郷隆盛、林玖十郎《くじゅうろう》（宇和島）任命。西郷が指揮権掌握。
15日　節刀、錦旗授与。東海、東山軍が江戸へ。東征軍主力は薩摩兵、総数8千。
・長州藩主毛利父子、佐賀藩主鍋島直正を議定に、両藩の藩士を参与に任命。尾張、越前、広島は政権の中枢を外れ、新政府は五藩連合政権から薩長土肥の四藩連合政権と姿を変える。
軍資金は豪商小野、三井、島田の献金、越前藩三岡の手による太政官札（金札）の発行で賄われた。

3　赤報隊

・慶應4年1月8日　西郷の指示により、近江国松尾山金剛輪寺で赤報隊結成。年貢半減を幕府領民に喧伝することを命じた。

1番隊　隊長相楽総三、2番隊　御陵衛士中心、3番隊　近江出身者中心に編成。

1番隊（博徒黒駒勝三も入っていたとされる）は東山道を進み、2月6日　下諏訪に入る。この頃、西郷は赤報隊の喧伝する年貢半減を否定、赤報隊を偽官軍として捕縛を命じた。17日　赤報隊は小諸藩など近隣諸藩部隊の攻撃を受けて惨敗。

3月3日　相楽総三（30歳）以下、下諏訪で処刑。3番隊も処刑、2番隊は京に戻し、政府軍に編入された。

相楽総三、赤報隊は討幕のため、西郷に使い捨てにされた。西郷の冷酷な一面を示すとされる。

・年貢半減は、敵対する大名領の領民の人心掌握のため、1月14日に新政府から出されたが、西日本平定が進んだため撤回された。

４　江戸に戻った慶喜、篤姫、和宮の動き

イ　慶喜の動き

①　慶喜の動き

1月11日　慶喜、江戸着。

12日　高橋泥舟（後述）が慶喜に謁見。王家に恭順して江戸を戦場としないこと、人民を塗炭の苦しみに遭わせないことを進言。

12～14日　幕府官僚、諸大名が江戸城に集まり、今後の方針を議論。

小栗は主戦論で、幕府陸軍が箱根で新政府軍を迎撃、駿河湾から幕府海軍が艦砲射撃、その後、軍艦を兵庫に回し、新政府軍の進撃を抑えることを主張。海軍総裁榎本武揚、歩兵奉行大鳥圭介など主戦論者も多かったが、慶喜は主戦論を退け、和平恭順を選択。

・慶喜は、勝海舟（1月17日　海軍奉行並、23日　陸軍総裁任、２月12日　軍事総裁取扱（陸海軍統括）任）、大久保忠寛《ただひろ》（一翁、１８１７～８８年）に善後策を委ねる。

２月12日　慶喜は上野寛永寺で謹慎（泥舟の提言によるとされる）。泥舟が遊撃隊と精鋭隊士卒を率いて護衛。

徳川家存続の嘆願書を東征大総督府に提出。

② 大久保一翁

大久保は老中阿部正弘に登用され、目付、海防掛、蕃書調所頭取、京都町奉行など歴任したが、井伊大老の安政大獄に否定的な態度をとったことから左遷。井伊没後、外国奉行、大目付、御側御用取次と昇進。長州征伐に反対、幕府政権の朝廷への返還提言。慶応4年の鳥羽伏見戦後には若年寄、会計総裁。

江戸城無血開城に尽力。維新後は徳川家達に従い駿河移住。その後、第5代東京府知事、元老院議官。

ロ 天璋院、和宮の動き

・将軍家定御台所天璋院（篤姫　1835年生）は薩摩出身。
「慶喜は如何なる天罰も是非に及ばず、しかし、徳川の家名は残して欲しい」との嘆願書を新政府に提出。

将軍家茂御台所静閑院宮（和宮　1846年生）は、「慶喜は身から出た咎、一身何ようにも仰せ付けられてもやむ負えないが、何卒家名が立行くように」と橋本実麗大納言、実簗少将に嘆願書提出。

いずれも、徳川家名存続を願うが、慶喜には冷淡であった。

輪王寺宮（上野寛永寺貫主）は、慶喜の依頼で、慶喜謝罪、徳川家存続嘆願で駿府に赴くが追い返された。。
・天璋院は、その後、奥州列藩同盟の輪王寺宮、仙台藩主伊達慶邦に「逆族薩摩討つべし」の書状を送る。
徳川の立場を貫き、明治に入ってからも薩摩に戻らず、援助も受け付けなかった。
・静閑院宮は、明治2年4月　岩倉に招ばれて上洛、5年間京都在住、明治10年9月2日脚気で箱根塔ノ沢温泉逗留中に歿とされる。その死去に付き、明治天皇替え玉を知る人物として、明治4、5年頃に、睦仁親王と共に殺害されたとの説もある（加治将一氏資料）。

八　勝海舟

海舟（1823年生）は幕臣開明派として活躍、戊申戦争では江戸城明渡しの西郷隆盛との交渉で有名。新政府においても要職に登用されている。
・曽祖父は越後の人、利殖の才があり、旗本株購入。父の小吉は本所の顔役的存在、貧乏旗本。従兄弟男谷精一郎、師範代島田虎之介に剣術を学び、直新陰流免許、禅修行、蘭学を永井青涯に学ぶ。
1855年　長崎海軍伝習所で航海術を学ぶ。上司は木村摂津守喜毅《よしたけ》（2千石）、2年目は永井尚志《なおゆき》。

60年　遣米使節団の一員として咸臨丸乗船。勝以外にも長崎海軍伝習所生徒12名乗船。指揮官は木村摂津守。使節団正使達は米艦ポーハタン号乗船。臨海丸は随伴船であった。帰国後、蕃書調所頭取助。61年　講武所砲術師範役。62年　軍艦操練所頭取を経て軍艦奉行並。

63年4月　将軍家茂の大阪湾岸視察案内、神戸に海軍操練所設置提言、許可。64年5月発足（神戸市中央区）。広く各藩の人材を受入れ（含薩摩、長州）。軍艦奉行に昇任。11月操練所が長州過激派に繋がりありとの疑惑で罷免、操練所は、65年3月　閉鎖。

66年5月　軍艦奉行再任。大阪出張を命じられ、老中板垣勝静から薩摩（大久保利通など）の第2次長州征伐出兵拒否の始末を依頼されるが、海舟はその書類を預かる形でウヤムヤにする。

第2次長州征伐で幕府軍が長州軍に圧され、停戦協定締結を命じられ、宮島に赴く。宮島で長州の広沢兵助（真臣）、井上聞多（馨）と会談、「幕軍は引き揚げる、長州も大勢で押し上げることはしない」ことで合意したが、京都に戻ると慶喜が一方的に休戦通告しており、海舟の合意は無視された。海舟は辞職願。その後、慶喜の江戸帰還まで重用されることはなかった。

・慶喜は勝を嫌っていたが、薩長に顔がきくため起用した（水野靖夫氏）ともされる。慶喜に終戦処理に起用され、勝は、「無用な戦争は避ける。慶喜の身柄を護る」を基本に対応を考えた。

勝は大部分の徳川家臣に総じて批判的であった。幕権維持の小栗の見解には不賛成で、小栗のフランス依存は日本の主権を危うくすると見ていた。

・勝は頭の回転が速く、機転が利き、能弁家、はったりもあり、敵方にも知り合いが多かった。ネゴシエーターの才能があったが、政治家、一軍の将として大事をなす器ではなかったと評される。自己顕示欲が強く、氷川清話など後年の書籍、発言には欺瞞が多いとされる。

第7節　京都新政府の動き

1　新政府内の公武の軋轢

イ　公武の軋轢

・王政復古の大号令、鳥羽伏見戦で新政府は勝利したが、新政府内の公武の仲は難しかった。

公家は王政復古で公家復権を考え、武家を身分の低い者と見る永年の慣習に拘った。無位無官の者は小御所の室内に入ることを許されなかった。

慶應3年12月9日の小御所会議では、大久保など藩士身分の者は、最初は廊下、途中から室内に入ることを許されたが、それでも空前の特例であった。

天皇は若年で、女官に囲まれた生活環境にあり、新政府の柱となるためには生活環境を変えることも必要であった。

こうしたことから、大久保達は遷都、京都を離れることが必要と考える。

・慶応4年1月13日　九条邸に太政官代（仮の太政官）が置かれ、室の制約はなくなった。更に、27日、太政官代を二条城に移した。

・19日　大久保が大阪遷都を提言。20日　後藤象二郎、由利公正が同意。23日　岩倉経由で総裁有栖川宮に因循腐臭一新のため大阪遷都建白書提出。26日　総裁、議定の反対で棄却。

・公家達は、古来の摂関政治の慣わしのもと、天皇を敬うが、天皇は物言わぬ存在として、その意思を尊重する精神を欠いていたと思料される。孝明天皇はそうした中で自分の意思を示す異例の天皇であったが、攘夷過激派三条実美などの独走、明治天皇についても即位直後の中山忠能などによる討将軍の偽勅など天皇を蔑ろにした動きが目立つ。

薩長土の攘夷或いは倒幕の藩士達にとっては、天皇は彼等とは次元の異なる存在であった。彼等は、天皇は自分達の攘夷、倒幕の目的実現に重要な玉、推戴すべき最も有力な権威と考えた。

明治維新の実現、そして、その後も、新政府の頂点として天皇の権威を高め、使うことが必要と考えた。そうした天皇の在り方は、明治憲法により示されることになる。

双方とも天皇の存在を玉と考える点では同じであったとも言えよう。

ロ　兵庫事件など対外問題

・慶應4年1月11日　兵庫事件　備前（岡山）藩兵と仏国水兵が神戸三宮神社前（神戸市中央区）で衝突、発砲、英米仏兵と交戦。2月9日　藩の発砲責任者切腹。

2月15日　堺事件　堺警備の土佐藩兵が上陸してきた仏水兵に発砲、殺害。土佐藩士11名切腹。

いずれも攘夷事件であった。

・1月15日　東久世通礼が兵庫で駐日諸国公使と会見。王政復古を通告する国書を渡し、新政府として開国和親、攘夷ではなく開国路線をとることを宣明。

25日　英米仏伊蘭普6か国が局外中立宣言。6か国は、戊辰戦争を日本の内乱と認定した（中立宣言の解除は同年12月28日。岩倉が横浜で6か国公使に面会、国内平定したので中立宣言解除を求めたことに依る。これにより、新政府は正統政権としての国際的地位を得た）。

2月　天皇が仏公使ロッシュ、蘭公使ポルスプロエクと引見。英公使パークスとも引見予定であったが、パークスが参内途中攘夷派に襲撃され参内中止。

・世の人々は新政府（朝廷）は攘夷派と思っており、新政府の開国和親表明は世人に衝撃を与え、失望、痛憤した人も少なくなかった。

これが、明治初の横井小楠、大村益次郎などの暗殺に繋がった（岡義武氏）。

2　大阪親征行幸、祭政一致回復など

イ　大阪親征行幸

1月29日　大久保、岩倉の強い要望（宮廷改革のため）により大阪親征行幸内定、2月9日　布告。3月15日　大阪行幸実施再達。

3月21日～閏4月8日　大阪行幸。

大久保、広沢、木戸が御用掛を務めた。行在所は本願寺津村別院。海軍観閲、行幸中の4月9日　大久保、4月17日　木戸、後藤から内外の状況言上。

ロ　祭政一致回復

新政府は、天皇親政の尊王思想、神国思想を建前とし強調、それは神道に基く政治、祭政一致、神祇官設置へと繋がった。

３月13日　祭政一致回復、神祇官設置の太政官布告。

神道を仏教の支配から分離、全国の神社、神官を神祇官の下に置いた。岩倉具視の右腕と言われた平田派（復古神道）の国学者玉松操による。

28日　神仏判然令。

神社から仏像、仏語、仏具除去を命じるものであったが、廃仏毀釈運動に繋がり、日枝神社、京都の八坂神社、男山神社、愛宕山大権現など各地で仏像、仏具、経典の破壊、焼却の暴動となった（明治22年大日本帝国憲法で信教の自由が明記された）。

ハ　キリスト教迫害　慶応3年4月　浦上四番崩れ

・慶応3年　浦上のキリスト教徒が仏式の葬礼拒否。

キリシタンの存在が公然化し、信徒のリーダー高木仙右衛門が捕縛、拷問されたが信仰を捨てなかった。このため、５月　キリシタン１１４人が津和野などに流刑。

・新政府はキリシタン禁制を解かず、明治2年12月　追加逮捕、２８００人を流刑とした。

西欧諸国は浦上問題を日本の文明の低さを示すものとして抗議。新政府は条約改正の阻害要因になると考え、明治6年2月　太政官布告でキリシタン禁制は廃止。

第8節　東征軍江戸へ、江戸城開城

1　新政府軍江戸へ

2月7日　軍防事務局設置。海軍、陸軍、練兵、守衛、緩急軍務管轄。

9日　有栖川宮を東征大総督に任命、錦旗、節刀下賜。

15日　東征軍京都進発。東海道、東山道、北陸道の3軍編成。総勢5万人。帰順した諸藩は新政府軍に加わることを求められた（参加兵力基準は1万石あたり60人（閏4月））。

浪人、神主、庶民からなる草莽隊が先兵として用いられ、代官所襲撃、接収などに働いた（3月10日　禁止令）。

東海、東山、北陸道とも大きな戦闘はなく、3月5日　駿府着、3月15日の江戸城総攻撃を決定。

2　五か条の御誓文、五榜の掲示

イ　五か条の御誓文

３月14日　五か条の御誓文

明治天皇が天地神明に誓約する形で公家、諸侯に示したもの。

天皇が京都御所出御、群臣の前で三条実美が読み上げた（起草者は福岡孝弟、木戸孝允が主導）。

15日付の大阪行幸実施再達並びに15日の江戸城総攻撃を前にした時期であった。

第１条　広く会議を興し万機公論に決すべし（原文には列侯会議とあったが木戸が改めたとされる）～公議による政治を新政府の基本とすることを述べる

第２条　上下心を一つにして盛んに経綸をおこなう～四民協力による国家運営を述べる後に、「政治参加拡大」を求める根拠に使われた

第３条　官武一途庶民に至るまで各其志を遂げ人心をして倦まざらしめん事を要す

第４条　旧来の陋習を破り天地の公道に基づくべし

第５条　智識を世界に求め大いに皇基（国家の経営基盤）を振起すべし

御誓文に違反しないよう公家、諸侯は署名を求められ、５月４日までに５４４人署名、署名は増え続けた。

ロ　五榜の掲示

3月15日　五榜の掲示
太政官名で新政府から民衆に対して表明された。
第1札　五倫（君臣、父子、夫婦、長幼、朋友）道徳順守
第2札　徒党、強訴、逃散禁止
第3札　切支丹、邪宗門厳禁
第4札　万国公法履行
第5札　士民の郷村脱走禁止

1～3札は幕府の諸高札を一切取り除き永年掲示の定三札《じょうさんさつ》、4～5札は覚札《おぼえさつ》と称される。

4札は、2月に京都で英公使パークス襲撃事件（攘夷論者の犯行）があり、パークスの要望に応えるものとされる。

3　江戸城明渡し交渉

イ　江戸城開城交渉の始まり

慶喜の命、高橋伊勢守（泥舟《でいしゅう》）の提言で、泥舟の義弟山岡鉄太郎（鉄舟）が幕府から東

征軍（官軍）への停戦の使者に選ばれた。

慶喜は泥舟を使者としたかったが、泥舟は慶喜警護のため江戸を離れられなかった。

泥舟、鉄舟、海舟は幕末三舟と称せられる。

①　高橋泥舟

高橋泥舟（政晃　１８３５〜１９０３年）は幕臣山岡正業の次男。母の実家の高橋包承の養子となった。槍術に優れ、22歳で講武所槍術教授、師範。

１８６３年（文久3年）上洛中の将軍家茂から浪士取扱を親論され、従五位上伊勢守に任ぜられた。泥舟は幕府内部の尊攘派の輿望を担う存在と目され、清川八郎（１８３０〜63年　見廻組佐々木只三郎に暗殺された）、山岡鉄舟などの輿望を担った。

一時失脚後、１８６６年（慶応2年）新設の遊撃隊頭取。鳥羽伏見敗戦で帰東の将軍慶喜を警護。新政府との停戦のため義弟山岡鉄舟の駿府派遣を提言。

徳川家静岡移住に同行、地方奉行。廃藩置県後、東京に戻り隠棲。明治36年没（69歳）。

②　山岡鉄舟

山岡鉄舟（１８３６〜８８年）は幕臣小野朝右衛門高福の４男。剣を千葉周作の玄武館、浅利又七郎に学ぶ。禅修行。剣、禅、書の達人。一刀正伝無刀流開祖。

泥舟に望まれて泥舟の実妹英子《ふさこ》と結婚、英子兄弟死去で山岡家の家督継承。

文久2年（1862年）幕命で浪士組結成、取締役となる。慶應4年（1868年）新たに結成された精鋭隊歩兵頭格。
維新後、徳川家に従い静岡移住、清水次郎長と意気投合。
明治4年　廃藩置県後、政府出仕。静岡県権大参事、茨木県参事、伊万里県権令歴任。
明治5年　西郷隆盛の要請で宮中出仕、侍従を10年間務める。
明治20年　子爵叙任。明治21年没。

ロ　鉄舟と西郷の交渉

・鉄舟は慶喜から「勅命に背かない」との言質を得、海舟に会ってから出発するよう指示を受け、3月5日　海舟を訪問。海舟は鉄舟を気に入った。薩摩の益満休之助（上野彰義隊戦で戦死）が鉄舟に同行、海舟は西郷への手紙（「西洋が虎視眈々と日本を狙っている時に国内戦争をしていて良いのか、どうしてもやるならこちらにも覚悟がある」といった趣旨）を託して鉄舟を駿府へ送り出した（手紙を託されたことについては確証はない）。
・3月9日　鉄舟は益満の案内で駿府着、西郷に面会（西郷と面識はなかった）。
鉄舟は、慶喜の真心を伝えに来たと述べ、「慶喜は戦う意思はなく恭順している。戦争は避けたい」と述べた。西郷は、「恭順の実効が立てば寛大なご処置（家名存続）もあろう」と応え、鉄舟は「実効とはいかなることか」と質した。西郷は大総督有栖川宮の処へ行き、戻って鉄舟に「慶喜の備州藩（藩主池田茂政は慶喜の弟）へお預け、江戸城明け渡し、軍艦、兵器差出し、幕臣の向島謹慎があれば、家名の儀は寛大を以て沙汰する」の５か条を示した。

山岡は、「謹んで承知したが、慶喜の備前藩お預けだけは受けられない。お預けとなれば徳川恩顧の家臣が承服せず、戦となる。貴方も私と立場を変えればどう考るか」と述べ、西郷は、「山岡の言は尤も。慶喜の身は西郷が命に換えて救う」と答えたとされる。

これで慶喜備州藩預けは消え、慶喜の身の安全と家名存続が得られたとして鉄舟は江戸城に戻り、慶喜、大久保、勝などに報告、一同大いに、喜んだとされる。

・３月12日　官軍は江戸池上本門寺に入る。

ハ　西郷、勝の会談

２人の会談は、３月13日（芝田町札ノ辻の薩摩蔵屋敷）、14日（高輪薩摩藩邸）とされる。

・勝は、西郷との会談に先立ち、徹底抗戦派を江戸払い。いざとなれば江戸に官軍を引き入れ、周囲に放火（江戸火消し　新門辰五郎に指示）、市中を焼き払い、官軍を皆殺しにする江戸焦土作戦を準備（江戸町民は江戸湾中の船頭に船を出させ避難）したという。

・西郷と勝との会談（鉄舟同席）は、13日は顔合わせ、14日、勝は、「慶喜の水戸での謹慎、江戸城は田安家に預ける、武器・軍艦は必要な分を残し残余を引き渡す、家臣は城外へ移住、幕臣の処分は寛大に、江戸の治安維持は徳川方で行う」と発言。西郷は、3月15日の江戸城総攻撃中止を命じ、対処方針協議のため上洛。

・実質は西郷・山岡会談で決まっており、西郷が勝との会談が必要としたのは、山岡には徳川代表の肩書がないため代表としての肩書のある者との会談を望んだことによるとする（水野靖夫氏）。

・海舟の氷川清話では13、14日の会談につき次のように述べる。

13日の会談では、勝が「京からの勅旨で、陛下は和宮についてすこぶる宸襟を悩ましておられる。和宮の御身に万一のことのないようにとのことなので、最初に、西郷に、皇女を人質に取るようなことは決してない。その他の事は、いずれ明日ゆるゆる話そう。」といって、その日は帰宅した。

14日は、西郷は、「委細承知、今より総督府に出掛けて相談のうえ返答する。明日は進撃は中止させておこう。」と言ったとする。

二　西郷上洛、新政府首脳協議

・３月20日　二条城で、上洛した西郷と三条実美、岩倉具視、大久保利通、木戸孝允、広沢真臣、後藤象二郎の７人が協議。中心議題は、慶喜の水戸謹慎、慶喜追討朝命撤回であった。

広沢は慶喜死刑主張、岩倉も同調したが、西郷は、かねての慶喜切腹の主張から豹変、「慶喜に他意ないことは保証する。自分が責任をとる。慶喜を殺すと言うなら西郷を殺してから慶喜を殺せ」と述べ、木戸が西郷に同調、「慶喜は死一等を減じて水戸表で謹慎、明け渡し後の江戸城管理は東征軍大総督府にて決める、軍艦・武器は全て没収し必要分は後日大総督府から下げ渡す（当時、各藩武器所有は当然との認識であった）」と決定。

28日　西郷、池上本門寺帰営。

・西郷は徳川方に甘いと見做され、その後、軍事の中枢から外され、三条、大村、江藤等に主導権が移ったとする見解もある（水野靖夫氏）。

ホ　英国公使パークスの圧力

英国公使パークスが江戸城攻撃を止めるよう警告。それが勝との江戸会談で西郷への圧力となり、江戸城無血開城の決め手となったとする見解もある。

3月14日　東海道先鋒総督参謀木梨精一郎（長州）、渡辺清左衛門がパークスを訪問。江戸城攻撃の際の負傷兵のための病院の世話を依頼した折に、パークスは、「恭順している者に戦争を仕掛けるのは如何なものか。いずれの国でも、恭順、降参している者に向かって戦争しなければならないことはない。今日は誰の命令で来たのか。日本は無政府の国か。……慶喜が望めば亡命も受け入れる」と述べた。パークスは、慶喜の大政奉還を評価し、内戦は、貿易上好ましくなく、西欧諸国の対日干渉を誘発、複雑な局面も生じるとして内戦の長期化を望まなかった。

パークスの発言を西郷に報告した処、西郷は、「成程、悪かった。それは却って幸いであった。このことは自分から言ってやろう」と答えたとされる。西郷は、パークスの発言が江戸城攻撃中止の理由に出来ると判断した。

3月15日の江戸城攻撃中止について、東山道先鋒総督参謀乾退助（板垣退助）が抗議してきたが、西郷からパークスの反応を聞き、納得したという。

28日　西郷は横浜のパークスを訪問。「帝は前大君の一命を要求しない。会津、庄内についても寛大な措置を採る。」と述べたとされる。

４　江戸城明渡しと幕府解体

イ　江戸城明渡し

・４月４日　勅使橋本実粱（和宮の義従兄）、柳原前光が江戸城入城。慶喜から江戸城管理を委ねられた田安慶頼《よしより》に徳川家への沙汰書を伝達（総督府からの正式回答）。内容は、「慶喜の水戸謹慎、江戸城明渡し、武器・軍艦全て接収、後で相当分（石高に見合う分）返還、家臣の退去、責任者の助命（１万石以上の大名は別扱い）」であった。江戸城開城と幕軍武装解除の実行期限は４月11日と通告。

・天璋院は、「慶喜追討赦免の使者が戻っていないので使者が帰るまでは動かない」とし、和宮も「母君が動かない以上、自分も動かない」と江戸城立ち退きに抵抗。勝と大久保が説得、和宮は田安邸（４月９日）、天璋院は一ツ橋邸（４月10日）へ移動。

11日　江戸城明渡し。慶喜は水戸表へ出立。

この間に、政府軍兵により大奥の高価な備品類が略奪されたとされる。

20日　横浜を新政府に引渡し。21日　有栖川宮、江戸城入城。

ロ　幕軍江戸脱出、戦闘

①　幕軍江戸脱出、戦闘

4月10日　泥舟が慶喜の命を受け、主戦派の榎本武揚、大鳥圭介説得、両名は翌朝に答えるとした。

4月11日の江戸城開城以降、歩兵奉行大鳥圭介直卒軍6百、新選組120など凡そ2千、桑名・会津兵若干が江戸脱出。上総、下総、上野、下野で戦闘、宇都宮城攻略、日光を経て会津へと転戦。

榎本艦隊も4月11日に開陽丸など7艘が安房国館山へ脱出。

幕府の武装解除の約束は守られなかった。

②　新選組　近藤勇の最後

新選組は大阪から軍艦に分乗、1月12日　品川沖着。

2月12日　近藤は勝に甲府城委任を申入れ。甲陽鎮部隊編成、近藤は大久保大和と改名、200人ほどの兵を率いて3月1日に甲府へ。しかし、甲府城は既に板垣退助が占領、近藤は奪取を図るが大敗（3月6日）。

3月11日　再起のため五兵衛新田（足立区）で隊士募集、流山へ。

4月3日　官軍に捕縛され、25日　板橋で斬首、京都三条河原で梟首。

③　小栗上野介

・小栗は１月28日　領地の上野権田土着の願書提出、翌日受理される。願書には「権田村で生計を立てる。有事に備えて農兵隊を設置する」としている。２月28日　上州権田村に退く。

３月　小栗が勘定奉行であることから幕府の資金を大量に所持していると思われ、権田村の屋敷を２０００人ほどの無法者が襲うが、小栗が養成した歩兵、家臣など１００余人が銃撃、退けた。

・しかし、新政府東山道総督府に捕縛され、取り調べもないまま、閏４月６日烏川（群馬県高崎市）で斬首。

東山道総督府は板垣に率いられたが、暴走気味で、相楽総三、近藤勇も刑死させている。

ハ　徳川家駿府へ

・徳川家の相続人は田安慶頼の子息の亀之助に内定していたが、所領の問題があった。閏４月10日　所領百万石と一旦は決まるが、三条実美が関東監察使として江戸に下り、現地の情勢も見たうえで最終判断を下すことになり、同月25日　江戸城内で会議、駿府70万石移封と決定。29日　田安慶頼に亀之助継承申渡し。亀之助、徳川宗家継承。

・上野彰義隊掃討後の5月24日　徳川家の駿府移封公表（駿府・遠江70万石、居城は駿府城）。亀之助は徳川家達《いえさと》となる（天璋院（明治16年没、49歳）が養育。明治4年　廃藩置県で東京に戻る）。

幕臣3万3千人余。うち、駿河移住は1万5千人、残余の幕臣は新政府に仕えるか、帰農、帰商。

徳川家と縁戚の島津家が討幕の主役となったことで、幕臣には薩摩新政府怨嗟の思いが残った。

5　上野彰義隊戦争

イ　上野戦争

・2月21日　浅草本願寺（東本願寺）で彰義隊結成。

4月20日には、上野寛永寺に400人余屯集。

・軍防事務局判事大村益次郎が閏4月1日大阪発、4日江戸着。5月7日　軍務官判事となり討伐主導。三方から攻撃、逃亡兵のため一方を開けて置き、半日で攻略する（夜になり江戸に放火されることを防ぐ）戦略をたて、西郷も了承。

・5月15日　上野戦争。官軍約5000人は、未明、雨の中、上野寛永寺山内に屯集する彰義隊（佐幕派幕臣１０００人程）排除のため進軍。

彰義隊の士気は高く、激しい銃砲戦となった。西郷も陣頭に立ち、黒門を正面、側面攻撃で撃破。午後2時頃には彰義隊敗走。寛永寺大伽藍焼失。隊長旗本天野八郎は捕縛され、獄死。

彰義隊に擁立された寛永寺住職輪王寺宮（北白川宮能久親王　軍務官嘉晃親王の弟）は平潟（茨木県北茨木市）へ逃れた。
・戦後、西郷は上洛、京都に戦況報告。そのまま藩主に随行し、帰鹿。

ロ　三条実美関八州鎮将に

・三条実美が関八州鎮将となり、東国を支配する鎮将府設置（10月廃止）。
・7月　慶喜（33歳）は、駿府、静岡宝台院へ移り、歴史の舞台から去った（明治2年謹慎解除。31年3月　明治天皇は慶喜を皇居に招き和解。翌日　慶喜は海舟邸訪問、32年海舟没。35年　慶喜、公爵。１９１３年（大正2年）没（77歳））。

第9節　東北越後戦争

1　奥州列藩同盟成立

イ　新政府の奥州鎮撫と会津寛典を願う仙台、米沢藩の動き

・1868年（慶応4年）1月17日　新政府は仙台藩に会津藩討伐を命じる。
・2月26日　奥州鎮撫総督に九条道孝任命。副総督沢為量《ためやす》、上参謀　醍醐忠敬《ただゆき》（19歳）（以上は公家）、下参謀は　世良修蔵（34歳　長州　周防大島出身、奇兵隊軍監、粗野な人物）、大山角之助（綱良　薩摩）。実権は下参謀が握った。兵600。
・会津藩は、松平容保・家老連名の嘆願書を朝廷と22藩に送り、和平斡旋を懇請。米沢藩主上杉斉憲が朝廷との斡旋の意思表明。3月には、仙台藩と連携、会津の懇請の受諾を奥州鎮撫使に働きかけることを確認。
・3月18日　世良下参謀、仙台着。
米沢、仙台藩は世良に会津の懇請受諾を働きかけるが、世良は激怒、拒否、「会津討伐に異議があるなら米沢も同罪」と述べ、仙台藩主伊達慶邦には「松平容保斬首、鶴ヶ城開城だ」と述べる。

大山は庄内に向かい、世良の対会津強硬論が新政府軍を支配。一方、世良は酒色に耽り、

あらゆる面で諸藩の反発を買った。

・九条総督、３月２日　京都発、23日　海路、仙台着。

29日　総督府から仙台・米沢藩に会津追討令。

30日　総督府から仙台・天童藩に庄内（東征参加拒否、会津同様、武備恭順の姿勢）追討令。４月７日　秋田藩にも庄内追討令。

仙台藩は、藩兵を会津藩との国境に向かわせたが、戦う意思はなかった。

・４月10日　会津、庄内藩同盟。

会津藩は、武士２８００に加え、農兵隊７０００ほどの兵力。

庄内藩は農、町民兵を加え２０００余の兵力と新式鉄砲装備。

幕末に、会津は京都守護職、庄内は江戸守護役で江戸薩摩藩邸襲撃の主役、両藩は新政府軍の主要ターゲットとなった。

・北関東では幕府脱走軍が奮戦。大鳥圭介率いる幕軍が宇都宮城攻略（４月19日）。

24日　追討軍は庄内軍に敗北。

ロ　奥州列藩同盟の成立

・４月26日　仙台藩と会津藩は米沢藩を立会人として止戦策協議。「会津藩主松平容保が城を出て謹慎、削封、3家老切腹、容保助命」を、仙台藩が総督府に報告。
閏4月3日　総督府は「悔悟降伏なら容保自ら本営に参上せよ」とする。
4日　仙台、米沢藩が秋田、盛岡など奥羽諸藩に呼びかけ、仙台藩白石に各藩重臣を集め、会津の降伏謝罪を議論。
仙台、米沢藩主連名の「会津寛典処分嘆願書」、各藩家老連名の「奥州各藩連名嘆願書」作成。
12日　仙台藩主伊達慶邦、米沢藩主上杉斎憲が九条総督と会い、寛典を望む嘆願書提出。総督は、回答に4、5日の猶予を要請。
醍醐は採用も已むなしの考えであったが、世良は会津攻撃を強硬に主張、17日　嘆願却下。
20日未明　世良の度重なる専横に憤激、仙台藩士が二本松近くの本宮（福島県本宮市）で世良を捕縛、斬首。
・22日　仙台藩白石で列藩会議。会津、庄内藩を除く東北25藩が集まり、白石盟約書締結。
5月3日　盟約書に列藩署名、奥州列藩同盟成立（25藩）。
「有事には各藩救援、大事件は列藩集議公平の旨に従う」とするもので、同盟は、大義を天下に訴える、会津の寛典嘆願が目的で、総督府を否定するものではなく、総督府の下の同盟と位置付けている。会津、庄内、長岡なども参加。
・新政府軍では上野彰義隊を征した大村益次郎が東北越後戦争を主導することとなる。

２　東北越後戦争

イ　越後戦争～長岡藩攻略

・閏４月19日　北陸道先鋒総督高倉永佶《ながきち》を北陸道鎮撫兼会津征討総督に任命。５月までに小千谷進出方針決定。江戸発海路越後高田へ向かう。
５月８日　高田着。戦地参謀として黒田了助、山県狂介。山道軍、海道軍に二分。越後高田から小千谷へ。
・会津藩は小出島陣屋（新潟県魚沼市）２万７千石、小千谷陣屋（小千谷市）11万３千石を所有、新潟から会津若松への物資輸送は重要事であり、猛将佐川官兵衛率いる軍を越後平野に派遣。
・長岡藩家老河井継之助は新政府軍と会津の間を調停しようと動く。５月２日　小千谷で河井と政府軍岩村精一郎が会談、岩村は河井の調停を拒絶。
３日　長岡藩は奥羽列藩同盟加入。会津、米沢と提携して戦闘開始。新政府軍２万、対する長岡（２千）・会津・米沢・仙台藩連合軍５千。大雨が続く中で戦は始まった。長岡藩家老河井継之助が連合軍の戦闘を主導。
10～19日　長岡南方13キロメートルの榎峠をめぐり激戦。
19日　長岡城陥落、7月25日　奪回、しかし、再度長岡城を奪われ、河井負傷、会津へ敗走、8月16日　会津塩沢村で河井死去（42歳）。兵は会津へ逃れた。
・河井継之助は、1827年　長岡藩中堅藩士の家（120石）に生まれた。負けず嫌いの勉強家。藩主牧野に政策建白書を採り上げられ、門閥を越えて家老となり、1866年から3年かけて藩政改革。
1300～1100石取りの家を400石に減封、100石以下の藩士の禄を引き上げ、9万9千両の剰余金を得、兵学所拡充、ガットリング機関砲2門装備、藩士全てにミニエー銃を配布して軍備充実。薩長軍を官軍とは認めず、長岡藩は戦争に突入した。
・新潟は重要地域で、米沢、会津、庄内、仙台が共同支配していたが、7月25日　新政府軍が新潟北方の太夫浜上陸。29日　新潟を総攻撃、同盟軍は総崩れとなり、越後撤退。

ロ　東北諸藩、政府軍に降伏

・参謀木梨精一郎（長州）、渡辺精左衛門（大村）率いる薩摩、大村、佐土原兵を乗せた軍艦3隻が、6月13日　品川出航、16日　1500の兵が平潟上陸（磐城平の南30キロメートル）。

８月３日　仙台、米沢藩追討令。

平潟上陸軍は、三春から二本松に向かう山道軍と浜街道を相馬から仙台に向かう海道軍に分かれて進攻。

・７、８月には、秋田、新庄、三春、二本松、新発田、三根山、村松、弘前、相馬藩降伏、同盟から脱落。

９月４日　米沢藩降伏、15日　仙台藩降伏。15～18日　福島、上の山、棚倉、天童藩降伏。

16日　庄内藩降伏（庄内は戦闘では敗れてはいない）。25日　盛岡藩降伏。

ハ　会津攻略

・８月20日　参謀板垣退助、伊地知正治の下、薩摩、長州、土佐など６潘の兵２千が会津領内に侵攻（総勢３万になったとされる）、23日　会津若松城下へ突入。

１か月の攻防の末、９月22日　会津藩降伏、開城。

・会津藩領内では、新政府軍兵による略奪、婦女暴行、殺人などの蛮行、敵方の死体討ち捨てなどが行われ、悲惨な状況となった。

白虎隊（16、7歳の武家男子で編成、総勢350人）の二番隊19人の飯盛山で自害は有名。

領内で大規模な百姓一揆が起こり、庄屋、村役人が襲撃された。領民含め全藩一致とされた会津も崩れた。

ニ　東北越後戦争終結

・10月1日付　東北越後戦争（奥羽北越戦争）終結宣言。従軍した諸兵隊に帰休の沙汰。
11月2日　有栖川宮大総督、錦旗、節刀返上。東北越後戦争終結。
・軍資金調達は三岡八郎（由利公正　越前）が御用金穀取扱方として担当。御用金300万両調達、明治1～2年4800万両の金札発行を行った。

ホ　西郷の動き

西郷は薩摩兵を率いて春日丸で薩摩出立、8月10日　柏崎上陸。新発田藩松ケ崎で弟吉二郎の戦死を聞き、意気消沈。その後、酒田港に回り、庄内に入る。庄内は9月16日　降伏。

11月　帰鹿。日当山温泉在。

藩主から求められ明治2年2月15日　藩参与就任。

5月　薩摩藩兵を率いて箱館に向かうが、到着時には榎本降伏。帰鹿。西郷に活躍の場はなかった。

3　戦後処理

イ　東北諸藩の処分

12月7日　江戸城大広間に東北25藩の藩主、重臣が呼び出された。

戦後処分は、殆どの藩が大幅減封（総計百万石）や新地への移転となったが、藩主隠居・血縁者の相続（家名存続）は認められ、藩政責任者が処刑、藩主は一人も処刑されなかった。改易、減封となった地は新政府直轄地となった。

・長岡藩　藩主牧野忠訓謹慎、７・４万石から２・９万石に減封、長岡城返還、藩主牧野忠恭の実子の鋭橘を藩主として家名再興。

・会津藩　藩主松平容保は死一等を免じられ、鳥取藩に永預け。家老萱野権兵衛長修《ながはる》斬首。下北半島斗南藩3万石に減封、移転（明治2年12月4日付）。松平容保の実子容大を藩主として家名再興。

斗南藩は実質７５００石の不毛の地。斗南移住藩士は２８００戸、凡そ１８０００人。会津残留２１０戸、農商帰化５００戸、北海道移住２００戸、各地へ移住３００戸。

4年4月　斗南移住開始、しかし、9月には、3300人が出稼離散、残14000人の内、病疾6027人、幼年者1622人、壮健男子2378人の状況に陥った。
・庄内藩　江戸薩摩藩邸焼討ちの当事者であった。藩主酒井忠篤謹慎、減封のうえ岩代国若松へ転封（明治1年12月15日付）、更に、磐城に転封を命じられた（明治2年6月16日付）。
港町酒井の海運で栄えた大地主本間家の援助で70万両を新政府に献上、庄内14万石から12万石へ減封で転封中止、庄内に戻された（明治2年7月22日付）。庄内の処分は寛大であったのは西郷の配慮によるとされ、庄内は西郷を尊崇した。
・盛岡藩　藩主南部利剛《としひさ》謹慎、20万石から13万石に減封、陸奥白石に転封を命じられ（明治2年12月17日付）。出入商人村井茂兵衛が外国商人に融資を依頼、70万両を新政府に献上約束、転封中止、盛岡に戻されたが、明治3年4月までに献上がうまくいかず、廃藩を申出、5月　廃藩、政府直轄地となった。
・仙台藩　62万石から28万石に減封。藩主伊達慶邦と養子宗敬は東京に謹慎。家督は実子亀三郎（3歳）が家督相続。
・米沢藩　藩主上杉斉憲《なりのり》隠居。15万石から4万石に減封。子の茂徳《もちのり》が家督相続。
・処分を受けた各藩では家臣の減封、帰農による家臣削減、蝦夷地への移住など家臣の解体が進んだ。

ロ　勲功報奨

勲功報奨は、薩摩藩主島津忠義・父久光、長州藩毛利元徳・父敬親に各10万石、土佐藩山内容堂に４万石、広島浅野長勲《ながとし》に１・５万石。

三条実美、岩倉具視に５千石、西郷隆盛に２千石、大久保利通、木戸孝允、広沢真臣に１８００石、大村益次郎に１５００石など授与。

第10節　箱館戦争

1　蝦夷共和国誕生

榎本は海軍の新政府への引き渡しを拒み、８月19日　仙台に向けて出航。旗艦開陽丸以下軍艦４隻、輸送船４隻、兵士は陸海併せて２千人と仏陸軍士官。

仙台で大鳥圭介、土方歳三を乗せ、10月12日　出航、20日　蝦夷地上陸、25日　箱館、五稜郭占領。

12月14日　蝦夷地領有を各国領事に宣言。蝦夷地開拓による幕臣救済、露から北方領土を守ることを目的とするとした。
15日　総裁榎本、副総裁松平太郎、陸軍奉行大鳥圭介、海軍奉行荒井郁之助、箱館奉行永井玄蕃、陸軍奉行並箱館市中取締裁判局頭取土方歳三を選出、蝦夷共和国誕生。

2　箱館戦争

イ　箱館戦争

・明治2年3月　新政府は討伐軍派遣。4月9日　蝦夷地上陸。
5月11日　箱館総攻撃。土方戦死（35歳）。

榎本軍は軍艦を失い、政府軍に軍備、砲力など装備、兵力に劣り、5月18日　降伏、五稜郭開城。残兵収容1000余人。箱館戦終結。

これで新政府に対する反抗は全て鎮圧された。
・8月15日付で蝦夷地は北海道と改称。渡島、石狩、天塩、日高、十勝、釧路、根室、千島など11か国が置かれ、各国に郡が設けられた。

ロ　榎本、大鳥、土方

①　**榎本武揚**（釜次郎　１８３６～１９０８年）

父榎本円兵衛は備後国安那郡湯田村の庄屋の子で、若くして江戸に出て、伊能忠敬の内弟子となり、測量に従事、千両で直参株を買い、幕臣となった。

釜次郎は、江戸昌平黌に学び、１８５４年　目付堀織数正に随行、北蝦夷（サハリン）調査。長崎伝習所で蒸気機関学、蘭学を学ぶ（勝の1年後輩）。63年　蘭留学（27歳）、ハーグで勉学。

幕府が蘭に建造を依頼した軍艦開陽丸（２５９０トン、４００人乗り）が66年11月完成、12月　蘭乗組員と共に運航、帰国。艦長として大阪で参戦。

箱館戦争後、黒田清隆の尽力で助命され、明治4年　赦免。明治政府で海軍中将、逓信、文部、外務、農商務大臣など歴任。子爵。

②　**大鳥圭介**（１８３３～１９１０年）

生家は播州赤穂の医師。

１８４５年　岡山の閑谷学校に入り、５年間、漢学を学ぶ。

52年　大阪緒方洪庵適塾に入門、医、蘭学を学ぶ。2年半ほどで江戸へ。蘭方医坪井忠益の塾に入門、塾長。兵学に転じ、江川塾に迎えられ、黒田了助（清隆）、大山弥助

（巌）などと共に砲術練習。ジョン万次郎に英語を学ぶ。その後、小栗忠順の引きで仏軍事顧問団の練習生となり、１８６６年　幕府直参、大政奉還時には歩兵頭、歩兵奉行に昇任、榎本と共に主戦論。

江戸開城後、幕軍を率いて江戸脱走。千葉県市川市辺りで土方歳三と合流、幕軍２千人程の総督となる。土方と共に宇都宮城攻撃。敗れて共に会津へ。会津でも敗れて仙台に出て榎本軍に合流。箱館戦争では陸軍の大将、降伏、収監。

明治5年1月　出獄。2月には外債発行のため渡米、岩倉使節団に加わり英国へ、再び、米国に戻り、7年3月　帰国。

その後、工部省出仕、工部大学校校長、学習院三代目院長。

明治22年　清国特命全権公使、26年には朝鮮国駐劄公使兼務、帰国後は枢密顧問官、33年　男爵。

③　**土方歳三**（１８３５〜６９年）

生家は武州の豪農。10歳代で商家に奉公、出戻り、近藤勇の試衛館で剣道を学び上達。清川八郎に誘われ、近藤を始めとする試衛館のメンバーと共に京都へ。近藤が独立して新選組結成。土方は幹部として活躍。鳥羽伏見戦で敗れ、近藤達と軍艦で江戸に戻った。

土方は大鳥と宇都宮城攻撃以来、行を共にし、箱館で戦い、明治2年　戦死。

④　**緒方洪庵**（１８１０〜６３年）

医師、医学者、教育者。幕末、維新の多くの人材を育てた人物として知られる。足守藩（岡山市の西北）の藩士の家に生まれ、大阪、江戸、長崎で蘭学、蘭医学を学ぶ。29歳で大阪で医師開業。天然痘、コレラの猛威に立ち向かう。

大阪に適塾を開設、人材育成。蘭学、蘭医学、物理、化学、実験、解剖を教えた。敵塾には常時百名が学び、総じると千数百名が学んだとされる（大村益次郎、大鳥圭介、福沢諭吉、橋本左内、佐野常民（日赤創始者）など）。塾では塾生を実力で評価。

１８６２年　将軍家茂の奥医師として江戸へ招聘された。天璋院に親しくされたという。翌年、急死。

第3章

幕藩体制解体、新しい国家建設

第1節　新政府初年の政府統治組織構築

1868年は慶應4年で始まり、9月に明治に改元される。1月初旬の鳥羽伏見戦を皮切りに始まった戊辰戦争が戦われた年であり、天皇が京都から江戸へ行幸、江戸（東京）遷都への年、新政府始動の年であった。

この年に新政府の統治組織構築が始まる。試行錯誤が繰り返しながら、次第に新たな組織が構築されていった。

1　慶応4年（1868年）1月17日の改革

イ　1月17日の改革

新政府軍が幕府軍に鳥羽伏見戦で勝利、幕府軍が江戸に去った直後の江戸への侵攻を控えた時期であった。

総裁・議定・参与の三職の下に、行政7科（課）（神祇、内国、外国、海陸軍、会計、刑法、制度）、徴士、貢士設置。

・三職の役割

総裁　万機ヲ総裁シ一切ノ事務ヲ決ス。

議定　事務各課ヲ分督シ、課事ヲ定決ス（宮、公卿、諸侯が就任）。
参与　事務ヲ参議シ、各課ヲ分務ス（就任者に身分規定はない）。
徴士　政府の実務担当。定員なし。諸藩士、士分以外も採用。公議により選出、任期4年、再任可、但し8年まで。
貢士　下議事所で輿論、公議を執るため各藩の選任する藩代表の藩士（40万石以上の大藩は3人、10万石以上の中藩は2人、万石以上の小藩は1人選任）。戦時下のこの時点では下議事所の開始の見通しは立たなかった。

ロ　その後の追加決定と修正

・1月21日　官庁の休日は1と6の日とする（明治9年3月まで踏襲）。勤務は9時～17時。月給制。
・2月3日　行政7科を7局とし、筆頭局として総裁局が設け8局とする。
総裁局は「万機ヲ総べ、一切ノ事務ヲ裁決ス」とされ、総裁、副総裁、輔弼（議定）、弁事が所属。
総裁　有栖川宮、副総裁　三条実美・岩倉具視、輔弼　中山忠能・正親町三条実愛、顧問　小松帯刀・後藤象二郎・木戸孝允。

・議定と参与が各局の輔、判事に就任。下に、史官、権判事を置き、組織の体裁を整えた。
・8世紀以来続いてきた朝廷の組織を改変、天皇と三職による太政官体制を創始した。政権の中心は総裁で天皇の影は薄い。戊辰戦争の緊迫した情勢にあったことによろう。

2　同年閏4月21日の政体書による変革

新政府軍が江戸に入り、4月11日には江戸城明渡しが行われ、新政府の覇権が明確となったが、東北越後戦争はこれからであった。

イ　政体書による変革

閏4月21日　政体書発布（前文と政体に関する15条からなる）。

政体書太政官制度は、五か条の御誓文を踏まえた体制として構築された（副島種臣、福岡孝弟立案）。

天皇を万機の総攬者とし、輔相が補佐、立法、行政、司法区分を意識し、立法官と行政官の兼任を禁止した。

・輔相新設、総裁廃止。

輔相は議事を奏宣、国内事務監督、宮中の庶務総判。三条実美（東下中）、岩倉具視

（議定と兼務）就任。総裁廃止、有栖川宮は太政官から外れた。

議定（親王、諸王、公卿、諸侯のみ）、参与（公卿、諸侯、大夫、士、庶人可）職は存続。

・議政官、行政官以下の七官（立法、行政、司法担当）設置。
議政官　輿論、公議を執る。上局は議定、参与で構成。下局は諸藩代表の貢士（藩主が選任）で構成。

行政官　輔相、弁事・権弁事（内外の庶務糾判、宮中の庶務担当）、史官（詔勅の文案起草、法令・布達の添削担当）、筆生で構成。改正前の総裁局に相当。

行政5官　会計官・軍務官・外国官・神祇官・刑法官（裁判、警察、検察、監獄、行政監察担当）の行政5官設置。各官には知事・副知事（大名、公卿から任命）、判事（公家、藩士から任命）が置かれた。

明治8年に大審院が設置されるまで独立の司法機関はなかった。

議定、参与（議政官）は立法府に属し、行政5官の職にはつけないこととされたが、9月19日には行政官5官に組み込まれた。

官等は1等官から9等官。1等官は親王、公卿、諸侯に限る。

2等官以下は藩士、徴士も可。

・太政官日誌（後年の官報）の出版による議事公表を規定。
・地方には、東京府、京都府、藩、県（幕府天領、戊辰戦争で政府に帰属した地）設置（府藩県三治制）。

ロ　要職の顔ぶれ

要職には諸侯、公卿が名を連ねた。
・議定　中山忠能、正親町三条実愛、中御門経之、徳大寺実則、三条実美、岩倉具視（以上公卿）、松平春嶽、鍋島直正、蜂須賀茂昭、毛利元徳（以上諸侯）。
・参与　木戸孝允、小松清廉（帯刀）、大久保利通、広沢直臣、後藤象二郎、福岡孝弟、副島種臣、横井小楠、由利公正（以上藩士）
・会計官　万里小路博房、軍務官　嘉彰親王・長岡護美（熊本藩主の弟）、外国官　伊達宗城・東久世通礼、刑法官　大原重徳
5月に補充人事　会計官　江藤新平、軍務官　大村益次郎、外国官　伊藤博文、井上馨、大隈重信追加。

3　下局（公議所）、上局整備の動き

イ　下局（公議所）整備の動き

五か条の御誓文では公議は重視されている。新政府は公議の手続は必要と認識、議政官下局を藩代表の貢士で構成することとした。

・5月24日　貢士対策規則制定。

貢士対策所を当分の間、菊亭邸に設ける。貢士の建議日は、毎月5、15、25日とし、租税の章程以下順次建策することなどを定めた。

5月27日　貢士を公務人と改称。各藩の国論並びに私見を提出すること、他に雷同しないようにと布達。

しかし、公務人の選出は進まず、対策所も動かなった。

8月1日　定時の建策を止め、随時とし、臨時に招集、下問することに改定。

20日　行政官布告で公務人を公議人に改称。各藩は藩内混乱情勢にあり、公議人選出は進まなかった。

・9月19日　議事体裁取調所（公議人管轄）、議事取調局設置。

総裁山内容堂、掛　秋月右京亮（公議所議長）、神田孝平（副議長）、森有礼（副議長心得）、大橋喬任、鮫島誠蔵など。

・12月6日　旧姫路藩邸に公議所（議政官下局）開設布告。
10日　各藩は藩の重役1人を公議人として来春2月中旬までに東京に派遣すること下命。公議所は、独自の議案提出権と一般庶民から広く建言を受け付け審議する機能を持つものとされた。

□　明治2年　上局、待詔局設置、公議所開議

・明治2年2月25日詔書　天皇再東幸後、東京城内に議事所を設け、公卿、諸侯、2等官以上の太政官職員により、「毎次、会議を興す」ことを沙汰。下院の公議所に対応する上局相当の議事所開設を意図した。
・3月7日　公議所開議。諸藩の公議人227人出仕。諸侯の領分、旧旗本の知行所の処分に関する5か条下問。
・3月12日　東京城に待詔局設置。草莽、卑賤に至るまで有志の者の御為筋の儀を建議するよう布告（建議開放）、待詔局で官員がそれを議することとした。
・4月12日　議定、参与による議政官上局を下局に対応する議事所とし、かつ、大方の議定、参与の行政関与を封じた。彼等を棚上げすることを企図したとみられる。

13日　議定の岩倉具視と東久世通礼、参与の後藤象二郎に行政官事務取扱兼職を下命（5月4日　議定松平春嶽追加）。

・17日　議事取調局廃止、制度寮新設（制度、律令の撰修を行う。総裁　山内容堂、副総裁　森有礼）。

諸官規則沙汰　規則の改正、制定は担当官で決議、輔相を経て、親裁を受けることとし、輔相の権限を奏宣から強化。

・5月4日　公議所に制度寮の森有礼から封建と郡県いずれにすべきか提議。結果は、封建維持が115藩、完全な郡県移行賛成は皆無。廃刀随意案は6月2日に全会一致で否決。

4　明治2年5月13日　官吏公選

箱館戦争もほぼ終了の時期であった。

イ　官吏公選の詔書

5月13日　官吏公選の詔書　公選の法により輔相、議定、参与を改めて登用する旨の詔書（大久保の強い主張による。公選は1度実施されただけであった）。

議政官廃止。輔相1人、議定3人、参与6人の定員を設け、行政官所属とする。現状は議定が20人（全て公家・諸侯）、参与17人（内公家諸侯4人）と人数が多く、公家、諸侯が身分により就任しており、機能重視、人材精選、冗費節減のため抜本的に整理の必要があった。

この改革により、行政官は実質的に政治の中枢機関となる。

ロ　公選実施

・5月14日　輔相、議定3（公卿、諸侯から選出）、参与6、6官（明治2年4月8日民部官設置で5官から6官となった）の知事、副知事（貴賤を問わず）を、3等官以上により互選。

（民部官は、直轄府県事務総判。戸籍・駅逓・橋道・水利・開墾・物産・救貧・養老所掌。駅逓は会計官から移管したが、その他は全て新たな行政であった。）

・公選の結果

輔相　三条実美。

議定　岩倉具視、鍋島直正（6月4日　蝦夷開拓督務へ転出）、徳大寺実則《さねのり》。

参与　東久世通礼《みちとし》、大久保利通、副島種臣、後藤象二郎、板垣退助、由利公正。

神祇官（中山忠能、福羽美静）、会計官（万里小路博房、大隈重信）、軍務官（義彰親王、大村益次郎)、外国官(伊達宗城、寺島宗則)、刑法官(正親町三条実愛、佐々木高行)、民部官(松平春嶽、広沢真臣)、上局議長(大原重徳)。

藩士出身者が政治の実権を掌握した。

・王政復古は薩摩主導、長州の復権も薩摩の尽力により実現した経緯があり、新政府は薩摩主導で動かされる場面が少なくなかった。

長州には、そうした情況への不満、また、薩摩は長州ほどの犠牲を払わずに維新の勝者となったとして薩摩への嫉妬があった。

第2節　改元、江戸遷都

1　江戸を東京と改称、天皇即位の礼、明治改元

・慶応4年閏4月10日　副総裁三条実美が関東監察使兼職、戦後処理の全権を任されて東下、4月24日　江戸着(途中で輔相に就任)。

5月11日　江戸府設置。知事には行政官弁事から烏丸光徳就任。

19日　江戸鎮台設置。有栖川宮兼職。

24日　関八州鎮将設置。三条実美兼職。

・大久保利通東下決定、6月21日　江戸着。
19日　参与木戸孝允、京都府判事大木喬任が勅書（江戸を東京と改名するので、速やかに東下、東征大総督有栖川宮、輔相三条実美と評議せよ）を持って、江戸行を命じられ、25日　江戸着。
27日　木戸、大久保、大木、大村益次郎が密議。三条実美を加え、江戸の東京改称、天皇の江戸行幸（実質的には江戸遷都）合意。
7月4日　有栖川宮、免軍政。
7日　木戸帰洛、復命。
12日　大木喬任が参与就任。
・17日　東京改称詔書布告（全国に発令された明治天皇の最初の詔）。東西両都となった。江戸鎮台、関八州鎮将廃止。鎮将府設置（駿府、甲斐、伊豆、相模、武蔵、安房、上総、下総、常陸、上野、下野、陸奥、出羽の13か国管轄）、三条実美兼職。
8月4日　大久保などが近く天皇江戸行幸（東幸）を発表。公家、京都の民衆は江戸遷都に反対であったため東幸とした。
・8月28日　天皇、即位の礼挙行。
東幸の期日は9月中旬、東海道通行を発表（東幸の経費見積80万両）。

・９月８日　明治と改元。一世一元を定める。

2　天皇東幸、還幸、再東幸（東京遷都）

・９月20日　天皇、京都発、３千余人の大行列。外国官知事以下供奉（外国官は東京に移転）。

10月13日　江戸着。江戸城西の丸御殿に入る。同日　江戸城を東京城と改称、皇居と定める。

17日　天皇は、「日々臨御、万機御親裁」と闡明。

18日　鎮将府（長官三条実美）廃止。

11月４日　東京市民及び近郊農民に東幸祝儀として３千余の酒樽下賜（一升瓶で12万本余）。６、７日　市民は仕事を休み、天盃頂戴。徳川贔屓の東京市民懐柔策であった。

27日　12月上旬の京都還幸を発表。

12月７日　来春の東幸を発表。

・８日　天皇は京都還幸のため東京発、22日　京都着。

明治２年１月10日　京都市民に酒下賜。

24日　３月上旬の再東幸発表。

・天皇　3月7日京都発、28日　東京着、事実上東京遷都となった。当時の政府の財政状況では、東西両京を屢々行幸することは殆ど不可能であった。

3　東京の状況

・役所用地や軍用地は、大名屋敷を召し上げ、転用した。
大手町姫路藩邸、小倉藩邸、丸の内岡山藩邸、有楽町鳥取藩邸は官庁に転用され、旧幕臣屋敷は新政府役人の屋敷となった。

江戸の7割は武家地で、新政府は旗本屋敷を上納させたが、転用されたのはごく一部で、その他の土地は放置された。
・江戸の人口は百万人と言われたが、旗本8万騎は居なくなり、大名の参勤交代もなくなり、武家奉公人は職を失い、江戸人口は50万人に半減。
・こうした状況から、明治2年8月　武家屋敷宅地を開発し茶畑、桑畑とすることを布告（輸出品の生糸、緑茶生産のため）。その用地として三井、小野などの財閥に押し付け払下げが行われた。桑、茶は7～8割が枯死して失敗、しかし、これらの土地は、後年、財閥の莫大な財産となった。

4　戊辰戦争後の西郷隆盛

・薩摩藩は強固な門閥支配体制であったが、凱旋勢が勢いを得て、門閥層、上級藩士の藩政からの排除、人材登用を久光に訴える。

明治２年２月７日　伊地知正治、川村義純、伊集院兼寛、野津鎮雄などが、家老島津図書（上方出兵反対者）、久光側近奈良原繁などを追い落とす。久光は大久保に帰鹿を命じ、２月13日　大久保帰鹿、川村達を説得するが失敗。

図書に代わって桂文武（門閥家）が執政心得、参政に伊地知正治、伊集院兼寛など西郷に近い者が就任。

西郷は帰国後、日当山温泉に隠棲したが、藩内の混乱収拾のため藩主忠義の要請で２月15日　藩参政に就任。この頃、久光上洛を促す勅使が派遣され、久光上洛、３月６日　従三位参議に進んだが、病気を理由に直ぐ帰鹿。

・その後、西郷は藩大参事となり藩政大改革実施。

ⅰ　藩士の門閥以下の複雑な家格称号を全て士族とする（郷士も城下士も士族）。

ⅱ　禄制改革を行い、都城島津家以下の私領主の知行を取り上げ、九家各１５００石、その他は禄米を５００~２００石に削減、一般士族は上限２００石としそれ以上は取り上げ。

iii　取り上げ分のうち57400石は2000石未満の下級士族に配分。残りの15万石は軍事費用に充て、軍務局を設置、18000人の常備兵、5大隊を作った。幹部は、桐野利明、篠原国幹、村田新八（3人は西南戦争で西郷軍幹部）、川村純義、野津鎮雄など。久光、上級藩士は改革に反発する。

・長州藩内でも、討幕後、討幕に従った藩士が力を得、それに反発する保守派藩士との間で、藩内に混乱を生じていた。

第3節　版籍奉還

1　版籍奉還への動き、薩長土肥4藩主の版籍奉還建白書

イ　版籍奉還への動き

① 版籍奉還への動き

・王政復古の政治は、朝廷に兵力なく、従って、討幕に動いた雄藩連合により行われ、その後に、天皇親政が行われるであろうと、当時の人々は考えていた（渋沢栄一氏）。
現実は、5藩連合政権から薩長土肥の政権に移行。政権の中枢を担ったのは藩主達ではなく、大久保、木戸などの討幕に動いた藩士達で、彼等により明治政府が構築、運営され

ていく。
・新政府の支配地は、全国3千万石のうち、幕府領8百万石、戊辰戦争で東北諸藩から奪った百万石程度であり、中央集権政府を構築していくには、藩をなくし、土地人民を新政府が直接支配、徴税、財政確立、直轄軍創設が緊要な課題であり、そのために必要なことは版籍奉還であった。
・長州木戸孝允は版籍奉還の必要を早くから唱え、藩主毛利敬親の了解を得たが、藩内には根強い異論があった。
明治元年9月18日　木戸は、天皇の東京行幸前に、京都で、大久保利通、後藤象二郎に版籍奉還建言の意図を伝え、必要なことで一致（大久保は「一諾尽力」を約したとされる）。
・10月28日　藩治職制を諸藩に回通。藩幹部を執政（藩主補佐、政務を行う）、参与（政務参加、庶務を行う）、公議人（執政、参与から選出、政府下局に出仕）の三職に統一。執政、参与は藩主が選任、太政官に報告することとした。これにより、多くの門閥家は凋落していく。
・12月付　兵庫県知事伊藤博文の勧めで姫路藩主酒井忠惇《ただとし》（幕末老中）が、「版籍を一旦返上、改めて預けて頂き、藩名を府県とする」旨を新政府に建言（兵庫論と称される）。

② 政府参与　横井小楠暗殺

・明治2年1月5日　参与横井小楠（1809～1869年）が京都で参内の帰途、十津川郷士6人に襲われ殺害された。キリスト教普及論者と誤解されたことによるとされる。政府要人の暗殺初例である（犯人は3年6月　4人斬首、梟首、他は終身刑）。

・小楠は肥後隈本出身の儒学者。開国、交易で国力増強することを主張。海防の重要性を説いた。

1855年　越前藩松平春嶽に招聘され藩政治顧問に就任。橋本左内没後、藩政改革を主導。1862年　春嶽が幕府政治総裁となると、春嶽の下で公武合体、雄藩連合構想を指導。同年12月　江戸で友人と3人で会合の処を刺客に襲われ、友人2人死亡、小楠は生き延びたため士道不覚悟を問われ、藩は小楠の熊本の知行没収。小楠は熊本郊外の沼山津村に閉居、「自らは恥じることなし、気にせず」であったという。勝海舟、西郷隆盛は小楠を推服している。慶應4年4月　新政府の参与就任。

ロ　薩長土肥4藩主の版籍奉還建白書

・明治2年1月14日　京都で、大久保利通（薩摩）、広沢真臣《さねおみ》（長州　東京在の木戸の代理）、板垣退助（土佐　福岡孝弟の代理）が、薩長土三藩主連名で土地人民を朝廷に返す建白書提出合意。
18日　大久保、広沢が相談、大隈重信・副島種臣（佐賀）にも働きかけ、四藩主連名の建白書合意。
23日　朝廷に建白書上表。「版籍を朝廷に収め、改めて封土を定め、下される」ことを願い出る。鳥取、佐土原、福井、熊本、大垣などの諸藩も追随。藩主達は将軍から領土権（領地の安堵）を与えられていたが、将軍が消滅したことで天皇から領土権（領主身分の保証）を得ることを期待した。
24日　太政官は、忠誠の志を深く感じるとし、天皇の東京再幸後、公論を経て沙汰と返答。
・各藩は江戸中期から財政窮乏が進んでいたが、幕末には軍事費が増大、とりわけ戊辰戦争の朝敵となった藩は深刻であった。また、戊辰戦争の戦場で陣頭指揮をとった藩主はなく、藩主の威信は落ち、多くの世襲の門閥の前例踏襲・無気力の現状もあって、藩士の忠誠心も揺らいでいた。

2　版籍奉還〜国是会議開催、版籍奉還申出、勅許

版とは領土、籍とは領民であり、版籍奉還の意味する処は藩主と藩士から職業と収入を

奪うものであるが、彼等は版籍奉還を形式的なものとしか捉えなかった。新政府がそのような理解に仕向けたと言える。

・明治2年1月18日「国是に関する会議（侯伯大会議）」を開催することとし、4月中旬までに、諸藩の藩主に東京に集まることを命じる。

5月13、14日 官吏公選実施（既述）。岩倉、大久保などが政府の主導権を握る。

5月21、22日 侯伯大会議開催。「版籍奉還を聞き入れ藩主を知藩事に任じる思し召しを諸藩主慎んで受ける」旨を合意。

5月までに262藩主が奉還申出、未申請の藩主には奉還を命じ、全274藩主が奉還申出。

・6月17日 諸藩主提出の版籍奉還願勅許。

藩主は知藩事に任命、世襲が認められ、華族とされた。藩首脳（大参事、権大参事、少参事）の任免は政府の許可が必要とされ、藩首脳の人事は政府の管轄下となった。

25日 知藩事の家禄は藩歳入の1割とされた。一門家老以下の藩士は全て士族とした。これにより武士は華族と士族に再編成された。島津久光は、こうした動きに不快感を示したとされる。

同日 諸藩に、物産、石高、人口、戸籍調査、報告を命じる。

藩の財政状況を政府が掌握、中央集権へと進む材料とした。

7月2日　知藩事に帰藩の沙汰。

・領主権は再交付されなかった。領主達はペテンにかかったとも言えよう。版籍奉還は、新政府にとって実現しなければならない必須のことであったが、新政府（薩摩、長州、土佐主体）が武力により全国統一したこと、各藩とも財政力、兵力が落ち、藩内主従関係も揺らいでいたこと、幕府消滅で各藩に領地支配の大義名分がなくなったこと、版籍奉還しても自分達に大きな変化はないのではないかと諸藩主に錯覚させたことで版籍奉還は大きな混乱もなく実現した。

第4節　職員令官制改革、大隈財政

1　職員令による官制改革

明治2年7月8日　職員令《しきいんりょう》制定。

遷都、天皇親政発言を受けて、大宝令を範とし、復古、祭政一致、皇道復興を目指す官制改革実施。副島種臣起草、人事は大久保利通考案とされる。

イ　太政官制改革

二官、太政官三職、六省の組織とした。

・二官　神祇官、太政官。

神祇官　祭典と諸陵管掌。全神職は神祇官に付属。

太政官　天皇を補佐、大政を紗理。

・太政官三職　左右大臣、大納言（３人）、参議（３人）。

参議は大納言と同様の職権を持つとされ、大政に参預、可否を献替、宣旨を敷奏する。

・六省　民部、大蔵、兵部、宮内、外務、刑部。長官は卿、次官は大輔

ロ　人事

・左大臣　欠員、右大臣　三条実美、大納言　岩倉具視・徳大寺実則、

参議　副島種臣・前原一誠。

・民部卿松平春嶽・大輔広沢真臣、大蔵卿欠員・大輔大隈重信、兵部卿嘉彰親王・大輔大村益次郎、刑部卿正親町三条実愛・大輔佐々木高行、宮内卿万里小路博房・大輔欠員、外務卿沢宣嘉・大輔寺島宗則。

ハ　議事之制

上下両局とし、上局会議を上局、公議所を下局とし集議院と改称。公議人は集議院下局議員に横滑りした。

その後、明治3年5月28日　集議院下局開院（２１９名出席）、藩制審議、９月10日閉院（版籍奉還により諸藩代表の集まりは不要となったため）。

ニ　待詔院

広く国民から建言を受け付ける機関として設置。木戸、大久保、板垣が待詔院学士とされた。

木戸、大久保、板垣と後藤象二郎は政府主要メンバーから外れた。彼等は版籍奉還を主導したことで、出身藩主に遠慮したためとされる。

木戸は学士就任辞退、学士は７月10日付で廃止され、待詔院出仕とされた。

大久保は学士による内閣の内面指揮を構想したが、木戸の協力が得られず頓挫。大久保・副島と木戸の間には対立があった。

大久保は間もなく参議就任。木戸は帰藩、奇兵隊騒動に巻き込まれる。板垣は帰藩、高知藩大参事となった。

待詔院は構想倒れで終わり、集議院下局に吸収された。

2　政府軍創設議論

イ　新政府の兵力

慶應４年閏４月19日　新政府は、諸藩から１万石につき兵10人（当分は３人）を京畿に常備、兵員50人を国元に備置くこと、兵員給料充当のため１万石につき３００両の上納を諸藩に課した。

明治２年３月17日　兵員は一先ず帰休。東京、大阪、京都には一定の警備兵力配置は継続。薩長土肥の４藩兵は東京に配置された。上納金は継続。朝臣化した旗本にも石高に応じた上納を課した。

ロ　大村益次郎　徴兵制提起

①　徴兵制提起

・大村益次郎は　慶應４年４月　官軍参謀として江戸へ。５月15日　上野彰義隊鎮圧、戊辰東北戦争では兵站で手腕、明治１年10月24日　軍務官副知事（知事　仁和寺宮）となり、軍政の事実上の最高責任者となった。

・大村は国民皆兵による政府軍創設を提案（奇兵隊の経験に依る）。木戸は支持。大久保など薩摩藩士達は、武士の存在理由をなくすものとして反対。軍事費負担で財政難の藩にとっては良策であったが、大村案は退けられた。2年7月　兵部省大輔任官。
2年9月4日　大阪出張中、京都木屋町の旅館で、長州、秋田などの攘夷派浪士の襲撃を受け負傷。手当が遅れ、敗血症となり11月5日　没（46歳）。襲撃の背景には徴兵制に反対の薩摩があったとも言われる。兵部大輔の後任は前原一誠、その後、山県有朋。

②　大村益次郎

・幼名蔵六（慶応元年12月　改名　1824～1869年）。長州周防国の村医の家に生まれた。
1842年　防府で梅田幽斎に医学、兵学、蘭学を学ぶ。43年　日田の咸宜園《かんぎえん》（広瀬淡窓（1782～1856年）の塾）で44年6月まで漢学を学ぶ。46年　大阪の緒方洪庵の適塾入門、長崎留学、適塾塾頭を務めた。50年　帰郷、地元の村医。53年　宇和島藩に招かれ藩士に洋学を教える。56年　藩主の参勤交代に随行、江戸へ。幕府の蕃書調所教授手代、57年　講武所教授となり、蘭語、兵学、数学、測量学などを教える。一方、私塾鳩居堂を営む。60年　桂の引きで長州藩士となった（ここまでは教育者）。
・64年8月　四国艦隊の下関砲撃事件では外国と交渉、その後、グラバーからミニエー銃

4千挺余の購入担当。66年の第2次征長戦では石州口の作戦指揮、浜田城攻略。鳥羽伏見戦後、軍防事務局判事となり江戸へ。上野彰義隊を1日で撃破。兵部大輔《ひょうぶだゆう》となり、士族廃止、廃刀令、鎮台・兵学校設置、徴兵制など急進的改革を主張。

木戸の盟友。大村は死没直前、「今後注意を要するのは西」と言ったと伝えられ、西郷隆盛を評価していなかったという。

3　大隈重信の財政

イ　民蔵合併、大隈登場

・大隈重信（1838〜1922年、佐賀藩上士の出身）は、明治1年12月　外国官副知事、2年1月　参与兼務、3月　会計官副知事となり、政府財政管掌。官制改革で大蔵大輔となり、8月11日　広沢の参議就任により民蔵大輔兼務、民蔵合併。政府も内政統括の大官庁の必要を認めていた。

・大隈は政府財政の安定が急務とし、開明派を率いて財政強化並びに鉄道や灯台建設など近代化施策に乗り出す（大蔵・民部卿　松平春嶽、大輔　大隈重信、少輔　伊藤博文、大丞　井上馨、租税正　渋沢栄一）。

ロ　大隈財政

・新政府財政は、年貢収入は歳入の1割程度で窮乏、豪商の献金、慶応4年4月　貨幣改鋳、5月　太政官札（金札）大量発行（双方で歳入の7割　由利公正（三岡八郎）の献策）などで凌いできた。

太政官札は新政府の信用不足から流通が滞り、額面を大きく下回っていた。大隈は就任後、太政官札の時価での通用を禁じるとともに、6月　府藩県に1万石に付き2500両の太政官札を強制的に下げ渡して正貨を納入させ、増発を停止、太政官札の信用回復を目指した。

・諸藩は戊辰戦争の軍資金調達のため贋貨を鋳造、欧米諸国からも問題とされていた。明治2年8月25日　大蔵省は贋貨取引厳重取締を命じ、秋から翌年春にかけて贋貨を額面の3割の金札で買上げる措置を採る。

（黒田藩（福岡）は贋貨製造を継続、3年7月18日　政府の強制調査を受け担当者斬罪、4年7月12日　黒田知藩事罷免。広島藩でも摘発を受けている。）

・財政状況改善のため府県の租税徴収強化は不可欠であった。農民に有利と見られていた年貢定免制（過去数年の実績に基づき年貢高を決め、定額で徴収）に制限を設け、金納を止め現物納とした（増税）。

ハ　改革への反動

・明治2年　東日本中心に大凶作。右記増税措置もあって、農民一揆、騒動頻発。折から、金札、偽造通貨でインフレ。明治2～3年には一揆は全国に広がった。

大隈の急進的な改革に府県からの批判が集中、中央では大久保・広沢・副島・岩倉などが批判（木戸・後藤は支持）。

・3年7月10日　伊達宗城が大蔵卿就任、大隈、伊藤、井上は兼務を解かれ、大蔵専任となり、岩倉、大久保、広沢が民部省御用掛、民部大輔に大木喬任、小輔に吉井友実就任、民蔵分離。

分離後も租税司、通商司、などは大蔵省に残された。

9月2日　大隈は参議就任、大蔵を去る。

4　大久保・木戸帰国、長州内乱

明治2年12月13日　天皇臨席の場で毛利敬親、島津久光を上京させ政府に協力させるため大久保、木戸帰国が決まった。

3年1月30日　薩摩へ柳原前光、長州へ万里小路通彦勅使派遣決定。

イ　大久保と薩摩藩

・薩摩の藩内政局は、川村純義、伊集院兼寛、野津鎮雄などの急進派が台頭、幕末の公武合体派の有力者島津図書、伊地知貞馨、奈良原繁などは藩中枢を去った。久光は門閥打破、人材登用の藩政に不満、とりわけ西郷に反感を持っていた。

・島津久光は帰鹿した大久保に政府改革への不平を激説。大久保の久光上京説得は不成功に終わった。久光は全国の不平士族の期待を集める存在となる。3月12日　大久保帰京。

ロ　木戸と長州内乱

木戸は毛利敬親・元徳父子から政府への協力の約束は得たが、奇兵隊の起こした内乱に巻き込まれた。

・高杉晋作の作った奇兵隊が狭義の奇兵隊（１５００名）であるが、その後、鋭武隊、振武隊、遊撃隊など庶隊と呼ばれる同様な部隊が組織され広義で奇兵隊と呼ばれた。

鳥羽伏見戦では、大村益次郎が派兵に慎重で長州は千名程度のみ参戦、奇兵隊の主力は小倉藩占領の後始末で長門に残った。東北越後戦では、越後戦線に従軍、長岡、会津で戦ったが（出動5千、死者約3百、負傷約6百）、素行についての評判は悪かった。

奇兵隊内部には、幹部による隊士の月俸のピンハネ、門閥・身分による差別など様々な問題が内在していた。

戊辰戦争終結、明治1年11月27日　奇兵隊凱旋。戦後、奇兵隊の維持は藩の財政負担の因となり、藩は退職手当一人に付き銀5百文を支払い、奇兵隊5000人を2250人に縮減しようとした。しかし、残す兵を身分重視や恣意的に選別したことから兵は退職手当の受取りを拒否、明治2年12月1日　1200人が蜂起、2000人に膨れ上がり、論功行賞、兵制改革反対を藩に要求。夏の長雨で作柄が悪かったことから農民一揆も各所で起こり、藩は、兵と農民一揆の合流を危惧する状況となった。
・木戸が帰国、明治3年1月3日　藩主元徳に拝謁したが、反乱軍が山口藩庁を包囲、藩首脳に圧力をかける状況となった。木戸は下関に逃れ、藩の常備兵、支藩兵を動員、2月11日　反乱軍鎮圧、元徳を救出。反乱軍首謀者は、斬首、遠島、永牢処分。残党は瀬戸内海賊となったという。
・木戸は毛利元徳に随行、鹿児島を訪れ、元徳とともに島津忠義、西郷と会見。木戸は東京に戻り、6月10日　参議就任（三条、岩倉は長州の重鎮木戸の政府内への取り込みが必要と考えた）。
広沢は、木戸は「随分不平家である」と、今後を心配したという。

第5節　西郷新政府に、御親兵設置、廃藩置県、官制改革

1　藩制布告　明治3年9月10日

イ　藩制布告

藩歳入の1割を知藩事の家禄、９％を軍事費（その半分を政府に上納）、残り81％を藩庁経費、藩士の家禄に充てる。藩債は償却年限を決めて返済。藩札（明治2年12月　発行禁止）については引き換えの目途を立てることを命じ、政府は藩政の全国均質化を目指した。

当初案（明治3年5月　大久保、副島案）では、軍事費20％（うち10％政府へ上納）であったが、5月28日の集議院に諮問した結果、９％に修正された。

ロ　不満、事件多発

・戊辰戦争で藩主の権威は落ち、身分秩序は弱体化し、戊辰戦争の戦費負担、軍維持費負担、新政府からの諸要求で藩財政は悪化、明治3年には諸藩の借財は藩歳入の3倍に及ぶ状況にあった。家禄削減（上級者は大幅削減）、人員整理などで家臣、士族の不満は鬱積していた。

・明治2年1月5日　参与横井小楠暗殺、9月　兵部大輔大村益次郎襲撃負傷、死亡。続いて、3年1月9日　参議広沢真臣（長州　1833年生）が四番町の自邸で殺害された。木戸と同年。第2次長州征伐では勝海舟と終戦交渉担当、2年4月　民部官副知事、7月民部大輔。参議となり民部大輔を大隈に交代した長州の重鎮であった。木戸は大村に続き、広沢を失った。

・明治3、4年　久留米、柳川、秋田、米沢藩、京都などで反政府不満分子による騒動頻発。政府は厳罰で臨んでいる。

2　西郷新政府に登場、御親兵（近衛兵）設置

イ　岩倉勅使薩摩へ、西郷御親兵賛同・上京

・薩摩に戻っていた西郷は、政府高官の権力欲と腐敗に憤り、反政府の態度を示す。明治3年9月　政府軍として東京駐在の薩摩藩兵千人（引き揚げ）の交代兵を送らなかった。このため、11月　太政官は徴兵規則制定、府藩県へ沙汰。1万石に付き兵5人を4年1月に兵部省大阪出張機関に差出を指示。12月　諸藩の常備兵につき石高に応じた統一基準制定。

・大久保利通、吉井友実、黒田清隆、大山巌が、薩摩の反政府行動を抑え込み、政府に協

力させ、藩兵の政府軍編入を進めることに意思統一。岩倉は政府に西郷の存在が必要と考えた。欧州帰りの西郷従道（隆盛の16歳下の弟）と黒田清隆が薩摩に赴き、欧州諸国の情勢を説明、行政改革断行の大久保の気持を伝え、西郷隆盛を説得。

11月25日　勅使岩倉の薩摩、長州派遣（大久保、木戸随行）決定。

西郷は、勅使を迎え、新政府の役人縮減、綱紀粛正を求め、大隈財政の影響で全国的一揆を招いたことも問題ありと主張。12月22日　薩摩の新政府への協力、藩兵の政府軍編入（親兵化）了解。

23日　岩倉が鹿児島城で島津忠義に面会。久光、忠義父子の上京、西郷を伴うことを求める。25日　西郷の上京決定。久光は翌春の上京を約した。

・この時の西郷のマニフェストに西郷の考え方が示されているとされる（磯田道史氏）。

ⅰ　本朝中古以上の体を本に据え、西洋各国をあまねく斟酌し、確固たるものを作るべき。

ⅱ　目的の快適を欲し、無限兵制を張れば長く久しきにたえず。

ⅲ　言路を開き、衆説を容るるは勿論のことなれど、国体の定制無ければ、取捨の方向を失い混乱。

ⅳ　朝廷に兵権なければいわゆる空名を上に掲げたもうまで、ややもすれば諸藩兵威をもって上を動かし始める。諸藩強大の国から精兵1万余人を朝廷に献ぜよ。

v　封建制から郡県制へ移行すべし。

・大久保の帰郷はこれが最後となった。大久保は長男利和、次男伸熊（牧野伸顕）を東京へ連れ帰り、2人は岩倉使節団に同行、米国留学。

ロ　御親兵問題　長州、土佐を説得

・4年1月7日　岩倉は西郷隆盛・従道、大久保、山県、川村を伴い長州山口に行き、藩主毛利敬親に勅書伝達。

敬親は新政府への協力を奉答、藩兵の政府軍編入を了解。

14日　岩倉帰京。

・西郷、大久保、木戸会談。政府改革に薩摩、長州、土佐三藩の同心協力を同意。毛利父子も了解。

17日　西郷、大久保、木戸が高知浦戸着。板垣退助、福岡孝弟と会談。知藩事山内豊範の了解を得て、新政府への協力、藩兵の政府軍編入、板垣上京決定。

2月1日　西郷、大久保、木戸、板垣、山県等横浜着。

ハ　御親兵成立

・2月3日布達　薩長土藩兵を御親兵召出。総勢8千人、年間経費　120万両。

22日　太政官布告薩摩の歩兵4大隊と4砲兵隊（3174人）、長州の歩兵3大隊、土佐の歩兵2大隊と騎兵2小隊、2砲兵隊を御親兵として召出、兵部省管轄とする。

・29日　太政官達　府藩県の徴兵の大阪差出期限延期。徴兵規則施行は実質的には停止。

・4月　薩土藩兵、東京着。6月　長州兵、東京着。

長州では、3月28日　毛利敬親が病没したこと、及び、薩摩への不信から到着が遅れた。

不信とは

i　日田、久留米の攘夷派の反政府暴動に長州は断固たる態度で臨んだが、薩摩は積極的でなかったこと

ii　西郷の政府の現状刷新の主張を現職参議に対する批判と捉えて木戸不快（木戸の「すねたり」批判あり）。大久保が山口まで木戸説得に赴き、木戸上京。

3　廃藩置県

イ　廃藩置県へ

・明治2年12月26日　上野吉井藩、河内狭山藩、3年10月19日　長岡藩、盛岡藩など財政

に困窮した藩から廃藩申請が出される状況にあった。

・土佐は明治3年には「人民平均の理」を掲げた藩政改革を行い、米沢がこれに倣い、更に、名古屋、徳島、鳥取、彦根も藩改革、廃藩の提言を行い、土佐中心の廃藩の動きがあった。

一方、岩倉は、有力大藩の合議で廃藩論を形成することを企図。政府の根本見込案作成、知藩事に下問、答申を受けて朝権確立と郡県制の徹底を図ることとし、江藤新平、大隈重信に下問。奉答案（15万石以上を州、5～7万石を郡、2～2・5万石以上を県とし、それ以下は合併する）を作成させた。

土佐藩を中心に改革派諸藩が集まり、岩倉に呼応する形になっていた。

・明治4年7月初旬　薩長が廃藩置県断行へ動く。

山県邸で、野村靖と鳥尾小弥太の廃藩置県断行の主張に、山県が同意。

野村、鳥尾が井上を訪れ、井上は断行に同意、木戸説得を請け負った。7月6日　井上から木戸へ、木戸は望む処と述べる（木戸は廃藩置県推進論者であるが、諸藩の連携には批判的であった）。

同日　山県から西郷へ提案。西郷は、久光に廃藩置県には同意しないと約束していたが、提案に同意。同日　西郷が大久保に伝える。

8日　西郷、木戸会談を経て、9日　西郷、大久保、従道、大山巌（薩摩）と木戸、井上、山県（長州）が会合。「即時の廃藩実施、不服の藩には武力発動も辞さず」を合意。
10日　西郷、大久保、木戸会談で、廃藩置県詔書布告を7月14日と決める。布告の2日前の12日　木戸・西郷から三条、木戸・大久保から岩倉に通告。
三条、岩倉は、土佐、尾張、越前などの雄藩の国政参加を考えていたが、これを封じ込めるため薩、長2藩のみでことを進めた。

ロ　廃藩置県布告　7月14日

・薩摩知藩事島津忠義、長州知藩事毛利元徳、土佐知藩事山内豊範代行板垣退助、佐賀知藩事鍋島直大が朝廷の呼出しを受けて参内。
午前10時　天皇出御。三条経由で4人に廃藩置県の勅語を伝える。
土肥、とりわけ土佐は、これまでの経緯もあり、突然の申渡しに不満（慰撫策として板垣、大隈を参議登用）。
続いて、尾張知藩事徳川慶勝、熊本知藩事細川護久、鳥取知藩事池田慶徳、徳島知藩事蜂須賀茂音（郡県制建議を行った諸藩）を召し出し、その志に勅語を以て報奨。
午後2時　在京知藩事56人を皇居大広間に集め、天皇の廃藩置県詔書下る。知藩事は一斉罷免、東京転居を命じられた。
15日　知藩事在国諸藩の大参事を呼集、廃藩置県詔書を下す。
261藩廃止。ここに封建制は消滅した。
・詔書には廃藩の大義名分を「万民を保全し諸外国に対峙するため」「有名無実や政令多岐の弊害をなくすことが急務」と記された。
突然の廃藩実施に諸藩から批判が出るが、西郷が「異議を唱える藩は武力で鎮圧する」と述べ、沈静化。廃藩に伴い、藩の借財、士族への家禄支給を政府が肩代わりしたことも鎮静化に効果があった。
・命に反した西郷への島津久光の憎悪は一層増幅した。
西郷と共に上京した兵のうち500人余、夫卒1000人余が帰県。

西郷、大久保は、吉井友実と西郷従道を帰県させ、久光には戊辰戦争賞典禄10万石のうち5万石を分与、一家を立て、従二位、子息の忠義を従三位に叙任。
・廃藩置県後、一揆、打壊が広島県を初見に中国四国地方で多発するが鎮圧。3府302県誕生。11月には3府72県、明治9年末には3府35県となる。
県のトップを県令とし、県令には、雄藩出身者、討幕功労者が任命された。旧藩の民政家からは、県は租税徴収、その大半を国に送る機関、県令は徴税代理人に見えたと言われる。

4　官制改革

イ　官制改革の議論

・明治４年２月　大久保が政体改革提起（左右大臣と少数の準大臣設置、大納言・参議制廃止、参議は諸省の卿とする）。

木戸が諸省の卿が力を持ち割拠状態となると反対。

６月　大久保は木戸一人を「参議の上」とすると提案。西郷、岩倉、板垣同意。

木戸は、大納言、参議が立法官（議政官）となり諸省の割拠状態を抑えるべき、自分にのみ重責を課する案であると反対。西郷の就任を主張。

６月25日　全参議免、西郷、木戸参議就任。

27日　大久保、大蔵卿就任。

・木戸の主張により制度取調会議設置（木戸、西郷が議長、メンバーは大久保、大隈、寺島、佐々木、後藤、大木、山県、井上、福羽、吉井、江藤）、７月５日　審議開始。まず、国体が問題となるが、議は纏まらず、出席者が減少。自然消滅。

・７月９日　刑部省と弾正台廃止、司法省創設。

14日　大納言岩倉、徳大寺、正親町三条免。参議に大隈、板垣就任。参議は薩長土肥の西郷、木戸、板垣、大隈となった。

18日　大学校廃止、文部省設置。文部大輔江藤新平任。

24日　外務卿に岩倉、民部卿に大木、大輔に井上、兵部大輔に山県任。

27日　民部省廃止、大蔵と合併（一部は工部省に移管）。租税寮、造幣寮、勧業・統計・紙幣・戸籍・駅逓・出納・営繕の7司の構成とする。

（8月19日　租税・造幣（一等寮）、戸籍・営繕・紙幣・出納・統計・検査（二等寮）、記録・駅逓・勧農（三等寮）となる。

ロ　太政官三院制の官制改革

・7月29日　太政官職制及事務章程制定、太政官に三院（正院、左院、右院）設置。

正院　三職として太政大臣（三条実美）、納言（欠員　8月10日　左右大臣に変更、右大臣に岩倉任）、参議（西郷、木戸、板垣、大隈）。

「天皇臨席（稀であった）万機ヲ総判、大臣・納言ガ輔弼、参議ガ参与シテ庶政ヲ奨督」、立法、行政、司法の最高決定権を持つ建前。

左院　正院の任命した議員と書記を置き、諸立法を議し正院に上申、正院が採否を決定

（立法機関ではない。8月10日付で副議長江藤新平任、9月20日付で議長後藤象二郎任）。

廃藩置県で集議院が存在理由を失い、左院はこれに代わるものとして設置された。

右院　各省の卿と大輔で構成、行政議事審調。間もなく機能停止。
・三条、岩倉を除き、諸省長官を含め全ての要職を、倒幕に活躍した薩長土肥の藩士が占めた。
正院は実務から離れ、諸省から浮いた存在で、諸省を統御出来なかった。
・8月8日　神祇官を神祇省に格下げ（廃藩置県、文明開化が進み、神道復興の気運は急速に減退したため。翌年3月には教部省に改正、寺院、僧侶も所掌、仏教復活を迎える）。

第6節　岩倉使節団派遣

1　使節団派遣に至るまで

イ　日清修好条規締結

明治4年4月　全権大臣伊達宗城、副使外務大丞柳原前光、権大丞津田真道が6月から天津で交渉、清国全権大臣李鴻章。
7月29日　日清修好条規（18条）調印。

和親と領土保全、相互の内政不干渉、双方の領事裁判権、関税率協定権を認め合う対等条約であった。

清との条約は日本の朝鮮対応のためにも必要とされた（後述）。

ロ　通商条約改正のため使節団派遣

・明治4年8月20日閣議　通商条約改正の時期を来年に控え（日米修好通商条約13条　1872年7月4日（明治5年5月29日相当）以降、どちらかが、それより1年前に通告すれば条約の改正交渉を行える）、条約改定御用掛大隈重信が自らを全権大使とする使節団派遣を提起。フルベッキ（オランダ系米国人）の意見によるとされる。大隈は佐賀（肥前）藩の長崎留学生時代に宣教師フルベッキから政治、法律、経済、キリスト教を学んでいる。

・大久保は政局主導権確保、条約改正の主役を大隈に奪われないため、大隈派遣を岩倉使節団（大久保随行）に切り替えた。また、自分が外遊中の長州木戸の勢力伸長を警戒、木戸を外遊に誘い、木戸は伊藤同行で合意。

9月初　外務卿岩倉（10月8日　右大臣任、11月4日　後任の外務卿には副島任）が使節に内定。10月8日　岩倉特命全権大使決定。

政府首脳がこの時期に、長期にわたり海外に赴くことに西郷、板垣は反対。三条は木戸残留を望んだ。井上、山県は、木戸洋行に賛成、西郷を説得。首脳派遣は纏まった。
・使節団は、特命全権大使右大臣岩倉具視、副使は、参議木戸孝允、大蔵卿大久保利通、工部大輔伊藤博文、外務少輔山口尚芳《なおよし》。総勢46人、随行18人、留学生43人を含めると107人。
福地源一郎、村田新八、由利公正、中江兆民、金子堅太郎、牧野伸顕、新島襄、５人の女子留学生（津田梅子（女子英学塾（津田塾女子大）開設）、捨松（後の大山厳夫人）、繁子の３人（出発時６～８歳）は10年留学）などが含まれた。

ハ　天皇の国書、留守政府メンバーとの約定

・天皇は国書を岩倉に授けた。使節団の任務は以下のこととされる。
　i　聘問《へいもん》の礼を行うこと
　ii　条約改正の希望を伝え商議すること
　iii　条約改正実現に必要な国内改革のため欧米諸国を調査すること
・11月９日　使節団と留守政府（三条、西郷、大隈、板垣、井上、山県、大木など）の間で、使節団首脳の留守中、新規の改正はしないこと、廃藩置県に付随する改正（徴兵制、

秩禄処分など）は進めること、官員の増員を行わないことなど12か条を約定。しかし、新政府が動き出して数年しか経っておらず、留守中に国政改革を進めないわけにはいかなかった。

2　使節団の動き

イ　米国での条約改定交渉

・1871年（明治4年）11月12日　横浜出航、12月6日　サンフランシスコ着。シカゴ経由で翌年1月22日　ワシントン着。3月4日　グラント大統領に謁見、国書奉呈。

・国務長官ハミルトン・フィシュに条約改正のための商議を希望。駐米少弁森有礼（薩摩）と伊藤が改正に積極的であった。3月11日から条約改定予備交渉に入る。米は、開港場数の増加、居留地の廃止・雑居の承認、輸出税廃止などを要望。

森、伊藤は米の要望の方向での改正を急ぐ姿勢であったが、全権委任状がないことを米国から指摘され、大久保、伊藤が委任状を取りに帰国、7月17日　ワシントンに帰着。

・大久保不在中、岩倉、木戸が国務長官フィッシュと交渉。

木戸は、関税自主権確保、領事裁判権など失われた権利の回復がない安易な妥協は不可の考えであった。

駐日独公使フォン・ブラントが帰国途中にワシントンに寄り、5月21日　木戸と面会。個別の改正はその適用が自動的に条約締結の欧州諸国にも及ぶとの最恵国待遇条項の存在を指摘、木戸は米国との交渉を急ぐことは日本に有利ではないことを知り、大久保、伊藤の帰還を待って交渉打切決定。フィシュには「今後は条約相手国との合同会議で改正交渉に着手したい」旨を伝えた。

・米国滞在は7か月に及び、使節団は条約改定の成果はないまま欧州に向かった。

ロ　欧州での動き

・明治5年7月3日　ボストン発、8月14日　英国リバプール着。17日　ロンドン着。ビクトリア女王は休暇中で、謁見は12月5日（ウインザー城）。この間、英国各地視察（リバプール造船所、マンチェスター木綿機械場、グラスゴー製鉄所、バーミンガム麦酒清濁所など）。

・ドーバーから仏国カレー着。12月16日　パリ着。26日　ティエール大統領謁見。6年2月17日　パリ発、ベルギーへ。18日　レオポルド2世に謁見（王宮）。24日　蘭に。

・3月7日　独エッセン着、9日　ベルリン着。11日　独皇帝ウィルヘルム1世謁見。

大久保、木戸等は、独宰相ビスマルクの挙国一致体制に日本は学ぶべきと痛感。ビスマルクは使節団を招いた宴席で、「国際公法について、大国は自国の利があればこれに固執するが、不利となれば一転して兵威を用いる。国力を興し対等の権を以て外交する国になりたい」と国際外交の現実を述べたと伝えられる。

・3月19日　ベルリンの岩倉の許に、三条から政府内外事務多端のため大久保、木戸に帰国命令。5月26日　大久保帰国。

木戸は露公式訪問まで使節団に同行。4月3日　サンクトペテルブルクで皇帝アレクサンドル2世に謁見、その後、ウィーンで万国博覧会開会式参加、ベニス、ローマ、ジュネーブを歴遊、パリに戻り、6月8日　マルセーユ発、帰国。木戸はこの外遊で憲法制定の必要を痛感したとされる。

・6年9月13日　岩倉使節団帰国。1年10か月の視察となった（当初の予定は10か月半）。

ハ　使節団の成果

i　使節団の目的であった条約改定は実現できず、不平等条約の改定交渉の難しさを実感。各国への聘問の礼は滞りなく行われ、欧米諸国調査も成果はあった。

ii　使節団の欧米での実感は以下の通りと伝えられる。

・米国　人民の自主自治、開拓の歴史に感心。背景にはキリスト教と小学校教育があると感じる。他方、政治腐敗、政党は私利に走り、市民の道徳は乱れていると見ている。
・英国　富強の因は工業力と貿易。英国流立憲君主制に着目。他方、貧富の差の大きいこと、ロンドン市中の犯罪多発など社会悪ありと見ている。
・仏国　文明の最上等実感。
・独国　ビスマルクに感銘。政治風俗を講究するには英仏より益多しとする。
・露国　開化は貴族のみで人民は奴隷の専制国家と理解。
iii　西洋文明の導入は日本の実情に合わせ漸進主義で行うべきが使節団の共通の認識であったとされる。先ず民力養成が今後の方針となった。

第7節　民政諸施策の展開

1　明治初の近代化諸施策の展開

明治3年9月19日　平民に苗字使用許す（四民平等への一歩）。
4年3月1日　郵便規則制定　前年、前島密により建議、国営新式郵便発足、東京、京都、大阪間で始まり、徐々に延長。

4月4日　戸籍法布告　壬申戸籍と呼ばれる。5年2月1日　実施。全国に戸籍区設置（4、5町乃至7、8村を併せて小区、数小区を併せて大区とする大小区制）を各県に命じる。大区に区長、副区長、小区に戸長設置。区内の戸数、人員、生死、出入を登録させることとした。

5月10日　新貨条例制定　両・分・朱・文から円・銭・厘を単位とすることに変更。米1ドル金貨に相当する純金1・5g含有の1円金貨を本位貨幣とする金本位制採用。発案は伊藤博文、仕切ったのは大隈重信。

8月9日　散髪脱刀令　散髪、制服、略服、脱刀とも勝手たるべきこと。武士の身分的特権意識を失くすため、自主的脱刀が主目的であった。断髪はかなり強制的に行われ、物議を呼んだ（明治6年3月20日　天皇断髪、3月3日　皇后、お歯黒廃止）。

8月23日　華族、士族、平民の通婚許可。

8月28日　解放令（賤称廃止令）　エタ非人などの称廃止、自今、身分職業共平民同様たるべきこと。

服制変革内勅　筒袖、筒袴の洋服推奨。外見から身分が区別されないようにすることが政府の意図とされる。

（8月の諸措置は、封建的身分撤廃、四民平等への変化を促進する措置であったが、現実は、中々、進まなかった。）

9月7日　田畑勝手作布達。

2　使節団留守中（西郷政権）の諸施策の急展開

明治4年7月14日に廃藩置県が行われ、新政府の基盤は作られたが、諸課題山積の中で政府中枢が外遊。留守中は、太政大臣三条実美、参議　西郷隆盛、大隈重信、板垣退助が中心となった。

留守政府の行動について外遊組との約定はあったが、国家運営上、新たな施策を講ずることが必要な状況にあり、次々と新政策が展開されていった。

①　明治4年

12月　司法省（司法卿江藤新平）東京裁判所設置。

5年8月には司法省が全国の司法権を握り、裁判所を統括。2府13県に裁判所設置。県令、県の官吏による裁判全廃。

12月18日　華士族、卒の職業選択自由の許可。

②　明治5年

・1月29日　卒（下級武士）身分廃止。皇族・華族・士族・平民とする。

2月15日　田畑永代売買禁止解除布告（1643年以来禁止されていた）。

3月14日　神祇省廃止、教部省設置（10月25日　文部卿大木が教部卿兼務、明治10年1月11日　教部省廃止）。

・5～8月　天皇が中国、西国巡幸。

伊勢神宮、大阪、京都、下関、長崎、熊本、鹿児島巡幸、西郷随行、総勢70人。天皇が洋装で国民の前に姿を現した。天皇は大いに楽しみ、西郷と親しくなる。

鹿児島訪問は、薩摩の島津久光の慰撫、東京転居を促すためであった。

天皇の鹿児島滞在中に久光が14か条建白書提出（西郷・大久保の政府からの追放要求など）。政府は建白書黙殺、久光怒る。

・11月～6年4月　西郷帰鹿、久光上京。

久光の怒りを鎮めるため西郷が鹿児島に帰る。久光は建白14か条の釈明を西郷に要求。

東京では予算配分を巡り大蔵省と各省の対立が激化。三条は、その調整に西郷帰京を促すため、勅使西四辻《にしよつじ》公業《きみなり》と勝海舟を6年3月に鹿児島に派遣。

6年4月　江戸時代の衣装、帯刀の士族250人を率いて久光上京（開化政策への抗議であった）。久光には麝香間祗候《じゃこうましこう》（名誉職）、国事の諮問に応じるよう下命。久光は建白14か条につき政府の回答を求めるが政府は放置。12月　内閣顧問任。

・７月４日　全国一律に地券発行（壬申地券）。地券は地主であることを証するもの、土地の売買、譲渡の度に発行することとした。土地の所有権確立、私有財産として土地処分が可能となった。しかし、交付状況は著しく停滞、「半分了せず」の状況で発行打ち切り。

・８月３日　学制公布。前年に文部省（文部卿大木喬任《たかとう》）設置。小学校教育重視、国民皆学の仏国をモデルに学区制設置。

i　国民全員が教育を受けることとし、子弟に対する親の就学義務と受益者負担の理念を掲げる。

ii　全国を８大学区（各区に１大学設置、８は７に改められ、東京、愛知、大阪、広島、長崎、新潟、宮城）。大学区に32中学区、各区に１中学設置（２５６中学校）、中学区に小学区設置、約２万４千の小学校（３年で半分程度達成）を開設することとする。

iii　尋常小学校は、６～９歳の下等小学、10～13歳の上等小学の２科８年教育。授業料は受益者負担が原則で月50銭（米１斗相当）。
負担が大きく、現実は、授業料収入は数％、国の補助金10％程度で、貧富に応じた区内からの集金と寄付金で賄われた。

小学校の大半は江戸時代からの寺子屋（7～13歳を教育、全国で約5万あったと推定されている）を引き継いだ。

学制は明治12年9月29日付で廃止、教育令制定。同年の小学校就学率は41%。
・9月13日　新橋・横浜間鉄道開通。
天皇行幸、見物人多数。伊藤、大隈が推進。英国式だが、線路ゲージのみは狭軌（3尺6寸）。

鉄道よりも兵勢強化を優先すべき論、不平士族の反対運動もあった。

明治3年から9年の鉄道関係国費は988万円で、新橋～横浜、神戸～大阪、大阪～京都、約100キロメートル敷設。
・10月2日　人身売買禁止令布告
i　娼妓・芸妓など年期奉公人一切解放。右に付いての貸借訴訟は全て取り上げず候事。
東京では遊女屋を貸座敷と改め、神奈川、大阪も同様の措置を採った。
東京府は芸娼妓の印鑑による届出を定め、吉原、根津、品川、新宿、板橋、千住への集中、梅毒検査を義務付け、近代公娼制度の始まりとされる。
ii　6月　ペルー船籍のマリア・ロス号が横浜に寄港。ロス号は、広東付近で清国人苦力（クーリー）231人を南米に奴隷として売るために乗せていたことが判明（1人が逃亡、知らせた）。日本は苦力を全員解放、清国に送り返した。ペルー政府は、日本に損害賠償を請求、軍艦派遣、日本にも芸娼妓の売買が行われていることを指摘。これに対抗するため、日本政府は、人身売買を禁止したとされる。

・11月９日　太陽暦採用布告、12月　改暦、西欧並みの暦とする。
12月３日が明治６年１月１日となった。

新政府では官吏の給与が月給制となった。旧暦では閏年は13カ月給与支払となるため、財政窮乏の政府として改暦は財政にも有用であったとされる。

・11月15日　国立銀行条例制定（大蔵少輔伊藤博文の発案）
戊辰戦争などで発行された政府紙幣を日本国債と交換、その国債を担保として民間銀行に兌換券を発行させ、国立銀行発行の銀行紙幣は金貨などとの交換を義務づけた（明治９年　不換紙幣の発行を認める改正。１８９７年には１５３行に及びインフレの因となった。
１８８２年　日本銀行開業）。

③　明治６年

・５年11月28日　徴兵告諭、６年１月10日　陸軍省は徴兵令制定。
山県が独留学、普を模したもの。なお、２月27日付で兵部省は陸軍省（大輔　山県）、海軍省（大輔　勝）に分割された。

ⅰ　兵役を全ての国民に課す（国民皆兵）。

広く兵を募ることが可能、武士の不要化、手当が少額で財政負担も少ないなどの利点があり、山県有朋が推進。西郷隆盛、桐野利明などは、武は武士のものとの考えで、徴兵制に批判的であった。

ⅱ　兵の条件は、20歳以上30歳以下、身体強権、身丈5尺以上。徴兵検査の結果、合格者のうち抽選で2万人が常備兵役に服する。

兵役3年、除隊後2年間は第1次予備役（1年に1度召集、訓練）。第2次予備役は2年の義務が課された。予備役制度は有事の際に即戦力兵の大動員を可能とした。

ⅲ　政府職員、官立学校生と留学生、一家の主人と嗣子、独子、独孫、代人料金270円（護親兵の年間経費は150円と見積もられていた）の納入者などは徴兵免除。明治7年には該当者の9割が免除者であったという。

士族は国民皆兵に反対。徴兵は血税と言われ、民衆による徴兵一揆も各地で生じた。

・2月7日　敵討ち禁止令布告　禁止令を侵せば、殺人罪として処刑されることとなった。刑罰を与えるのは国家の専権とする司法卿江藤新平の考えによる。

④　一揆頻発

新たに施行された学制は、学校建設、授業料負担、労働力である子供を学校が奪うことへの反発、徴兵制は、血税と称され、３か年の兵役強制への反発があった。
6年5月　美作国（岡山県）12郡50村の3万人参加の一揆勃発。新政策、開化政策（徴兵、学制、地券など）への不満、反発であった。死刑15人、懲役以下２６９００人。
6月　鳥取、広島、香川、愛媛、福岡、長崎、熊本と西日本各地で一揆。徴兵、学制、地券などへの反発であった。鳥取では徴兵反対一揆に１２０００人参加。福岡一揆は30万人の大暴動となり、死刑４人、処罰６４０００人。
いずれも鎮圧されたが、多数の処罰者が出た。

3　明治6年5月政変

・明治5年11月から6年4月まで西郷が久光への謝罪のため鹿児島に帰り東京不在。各省は開化政策推進で予算増額要求、大蔵の井上と対立、西郷不在で各省間を調整できる者がいなかった。
4月19日　江藤新平、大木喬任、後藤象二郎を参議に任命。政府中枢の強化を図り、大蔵省を抑制しようとした。
・5月2日　太政官職制潤飾という名目で官制改革。正院に内閣設置、太政大臣、参議を内閣議官とする。

内閣は天皇の特任を受けて、立法、行政事務の当否を議判するものとし、参議に権力を集中。休日以外毎日開催。天皇は月2回臨席することとした。

・正院と大蔵省が対立。5月7日　大蔵大輔井上、三等出仕渋沢栄一（1840～1931年　埼玉県生、名主から幕臣）は、「施為の緩急、処置の前後を衆議を尽くして決すべし、かつ、財政の基礎確立こそ必要」と提言。辞表提出。

5月9日　正院は大隈を大蔵省事務総裁に任じる。

大隈は地方官会同（大蔵省は壬申地券に代わる地租改正法案を策定、地方官会同召集、4月12日　開会、地租改正法案を審議に付し、立法官の議員としての発言を求めていた（人民代表会議に擬そうとの姿勢））に出席、地租改正案の早期成立を求め、12日　地方官会同は地租改正案を可決、閉会。

5月14日　内閣は井上、渋沢を罷免、18日　両名の建議却下。

大蔵省は地租改正実施案を内閣に上申、7月28日付　地租改正法公布。しかし、その実施の至るまで紆余曲折を経ることとなった。

4　地租改正

イ　明治初期の財政状況

1867年12月～68年12月（慶応4年、明治1年）には職業別人口の8割が農民、年貢収入は300万円、歳出3千万円の1割であった。

明治1～6年の財政収入全体の6割程度が年貢、残りは、不換紙幣発行、商人から借入れ、外債発行により調達。歳出は、華族・士族に支給する家禄・賞典が4割、陸海軍費が約2割、戦費約1割、鉄道・電話・灯台費用など約2割、一般行政費約1割の財政状況にあった。

ロ　地租改正

明治6年7月の地租改正法で、改正法に基づき発行される地券（改正地券と称される）には土地の価額（地価）と地租額（課税標準は石高から地価に変更、税率は地価の3％、金納）が記載され、地券保有者（土地所有者）が地租納入義務を負うこととされた。しかし、改正事業は、中々、進捗しなかった。

ハ　改正事業の本格化

8年3月　地租改正事務局設置。

総裁　内務卿大久保利通、御用掛　大蔵卿大隈重信、大蔵少輔松方正義、内務少輔　前島密。明治6年の政変、佐賀の乱、台湾出兵を終え（後述）、大久保自らが地租改正事業に乗り出した。

9年までに作業完了も目指し、全国を7ブロックに分け、責任者を任命。松方が改正実務を主導。旧貢租額維持、地租負担公平を掲げて改正事務を遂行。

税収維持については、予定納税総額を基に各府県の地租収入予定額を決定。府県は郡に、郡は各市町村に割当て、それを前提に地価が決められていった。負担公平については、地方団体への配分の公平に留意している。

i　地価決定の原則は、田圃毎の粗利益（収穫米×米価（1870～74年の5か年の平均相場）から経費の種肥料代15％などを差し引いた純利益を利子率6％（原則）で資本還元したものを地価とし、政府は、これが売買地価相当とした。

ii　現実は、各町村に、地味の美悪、収穫の概量といった土地条件を基に老農、顧問人に諮問、その後、区戸長、顧問人、勘定人などの改組担当者会議で村位等級決定。その後、村毎に、各田の便否、沃瘦の土地条件を基に衆議で地位等級（10級）を決定、等級が決まると収穫が配分される仕組みとなった。

地価を官が不当と判断すれば，5公5民適用、乃至、近傍類地比準で決めることとされた。

・明治9年米価急落、実質増租となり、5月　和歌山県粉河、9月　茨木県で一揆発生。12月　水害と米価急落で三重、愛知、岐阜、堺に及ぶ暴動（伊勢暴動　12月24日終息、処罰者5万人）勃発。

この事態に対して、明治10年1月　税率が2・5％に引き下げられた。（地租改正事務局は明治14年6月30日に廃止。明治17年3月15日付　地租条令公布、税率2・5％固定、特別地価修正が可能となり、地価修正の結果、減租となった。明治中期以降、地租は政府歳入の主財源の地位を失っていく）。

5　長州閥の腐敗

イ　山県有朋と山崎屋和助事件

・山崎屋和助（野村三千三《みつぞう》、長州奇兵隊幹部）が山県の引きで兵部省御用商人となり、財をなし、山県始め長州軍人、官吏の遊興費を負担。陸軍省から15万円を借り、生糸相場に投入、明治3年に普仏戦争が起こり、生糸相場暴落で失敗。明治5年　再び、陸軍省から

65〜80万円を借り、渡仏、豪遊。英仏駐在から副島外務卿に和助の行状が報告された。
・陸軍省で調査、陸軍少将桐野利秋に報告され、山県は責任を追及されて近衛都督を辞任、西郷が陸軍元帥と近衛都督を兼務。
江藤司法卿は、桐野の行動は司法権無視、軍人職権乱用として司法省が調査。山崎和助はパリから召喚され、陸軍省内で5年11月　切腹自殺。事件は闇に葬られた。

ロ　井上馨と尾去沢銅山（秋田県鹿角《かずの》市、南部藩）事件

南部藩は転封阻止のため、御用商人村上茂兵衛の斡旋で外商から70万両を借入れたが、返済違約が起こり違約金5万5千両を村井が立替え、村井から藩への立替えの文書の文言は、当時、町人が武士に融通する時の慣例語で、「奉内斎《ないさいたてまつる》（武士が町人から借金することはあり得ないとの前提）」とあった。

井上馨は村井が藩から借金していることとし、村井に、即時、政府へ5万5千両の返済を命じた（南部藩は廃藩となっていた）。村井は事情を釈明、聞き入れられないと年譜返済を申しいれたが、井上は拒否。村井所有の尾去沢銅山を没収、出入りの政商岡田平蔵（長州）に3万6千円、無利子年賦払で払下げた。井上は、その地に井上馨所有地の杭を打ったとされる。

司法卿江藤新平が調査。井上の逮捕勾引を三条実美に申請。木戸が欧州使節団帰国後、揉み消しに奔走、征韓問題でうやむやとなった。

ハ　小野組転籍事件と長州

小野組は幕末の幕府、禁裏の御用商人。維新後、政商として三井組に並ぶ存在であった。小野組の本拠地は京都。小野組は京都府にとって重要な存在であった。京都府参事槇村正直（長州）、木戸の政治資金は京都府から出ていた。

明治６年４月　小野組は、東京転籍を願い出た。京都府にとっては、小野組は重要な財源で転籍拒否。小野組の当主を白洲に引出し、転籍断念を迫った。

小野は京都府を相手に訴訟を提起。京都裁判所は、小野の主張を認め、京都府に転籍受理を命じたが、京都府は判決受諾拒否、小野組への迫害を強めた。

司法省は、知事、参事に判決を履行しない罪を問い、知事長谷に罰金８円、参事槇村に罰金６円を課すが、槇村は罰金拒否。京都裁判所は槇村拘禁を上申。

同時期に三井組も転籍を願い出ているが、問題は起きていない。三井は権門への出入りが巧妙であった故とされる。小野組は三井に敗れて姿を消す。

（以上のイ、ロ、ハは原田伊織氏資料）

ニ　司法卿江藤

長州閥の汚職、不祥事、法令不遵守は多い。江藤新平司法卿は、司法の立場からこうした事件を訴求、断罪しようとするが、司法権独立、尊重の観念は人々に薄く、むしろ、司法は要らざる存在との意見が行われた。

第8節　征韓論、明治6年の政変

1　問題の発端

イ　江戸時代の対朝鮮関係

・李氏朝鮮は、中国を宗主国とする冊封国、鎖国、攘夷の国であった。朝鮮李王家と徳川将軍家との間は、新将軍就任などの慶事に朝鮮が通信使（500人規模）を派遣（秀吉の朝鮮侵攻のため日本の使節が朝鮮の首都に迎えられることはなかった）、通信の仲介は対馬藩宗氏が担当した。

・宗氏は幕府から朝鮮貿易独占権（対馬にとって米の輸入が必要）を与えられ、朝鮮との関係では朝鮮国王の一種の外臣の関係にあり、対馬藩は朝鮮政府から釜山郊外に広大な敷地の倭館（草染倭館）を貸与されていた。

ロ　明治新政府の動きと朝鮮の対応

・新政府は、慶應４年３月23日　外交は朝廷が管轄する旨、朝鮮へ通知するよう対馬藩に指令。

閏４月　対馬藩士大島友之允（木戸と親しい）が藩主名で新政府に意見書提出（対馬藩は日朝貿易衰退で財政難として新政府の援助を切望、朝鮮から屈辱を受けたと申出）、木戸はこれを受けて、年末、岩倉に朝鮮に使節派遣、無礼を問い、釜山開港を要求、それを足掛かりに逐次占領すべしと建言した。

当時、木戸は岩倉・大久保に政府の実権を握られ不満で、外に征韓、内に版籍奉還を主張したとみられている。

・明治元年12月　新政府は「王政復古したが隣交を修する」と対馬藩主宗義達《よしあきら》を介して朝鮮に国書を送ったが、朝鮮は受理しなかった。理由は、書面に朝鮮国王から賜与された印章が使われていないこと、文中に「皇上登極し」とあったが、「皇」は中国皇帝のみが使用するものとの主張であった。

・日本は朝鮮の宗主国清と日本が修好条約を締結すれば、清と日本が対等の立場となり朝鮮は日本の国書を拒否出来ないとも考え、明治４年に日清修好条規締結、状況の打開を図ったが、朝鮮側は対応を改めず、新政府内には「朝鮮は傲慢無礼」の認識があった。

ハ　問題の発端

朝鮮と外交関係にあった対馬藩は廃藩置県で消滅。明治5年9月　対馬藩管理の草染倭《そうせんわ》館《かん》を維新政府が接収、大日本公館と改称、外務省所轄とし、外務省係官を派遣した。

倭館で三井の手代が商売しようとした処、朝鮮は、「公館の土地、建物（朝鮮政府所有）は対馬商人にしか使用許可していない。他の者が使用するのは違反。日本は無法之国である」として抗議。朝鮮東莱府は大日本公館前に抗議文を掲示、草染倭館への食料供給を拒絶（明治6年5月31日）。

2　留守政府内の議論

イ　朝鮮へ西郷の使節派遣内定

・外務省はこの事件を重大事として正院（閣議）に審議を求めた。

閣議原案は、「居留民保護のため陸軍若干、軍艦数隻派遣、軍事圧力を背景に公理公道を以て屹度談判に及ぶべし」というものであった。板垣は賛成、西郷は反対し、「非武装で全権大使を派遣すべきで、自分がその任にあたりたい。自分が殺されれば、政府の朝鮮征討の理由が出来る」と主張。板垣は西郷に同意。江藤、後藤も賛同。

西郷の主張は、「使節派遣、朝鮮国拒否、使節殺害となれば開戦やむを得ず」という主張で、西郷は朝鮮問題を不平士族対策と位置づけていた。露の南下脅威に朝鮮と協同で対処せねばとの意識もあったとされる。

・明治6年8月17日　閣議で西郷派遣を内定（大久保は国内出張で不在）。使節団帰国後最終決定することとし、この旨を三条から天皇に上奏、天皇裁可。

大久保は帰国したが、この問題に直接関わろうとはしなかった。西郷の主張に反対であったことによる。

木戸は、かつては朝鮮出兵を主張したが、帰国後は内治優先、出兵消極論となった（8月31日　馬車から転落、頭と肩を痛打、頭痛、不眠を患う）。

9月13日　岩倉帰国。西郷は早期方針確定、実行を要請。

・西郷の主張、スタンスにつき、毛利敏彦氏は次のように理解する。

最初の閣議で、三条は「使節は兵を率い、軍艦に乗って赴任すべし」と述べたことに、西郷は、「使節は非武装、礼装で交渉に臨むべきで、自分がその任に当たりたい」と申し出た。西郷は「先に派兵すれば相手を無用に刺激、纏まるものも纏まらなくなる。責任ある大官を派遣して堂々と談判すべし」という主張であった。

7月に西郷から板垣へ書簡で「使節は必ず暴殺されるから開戦のきっかけとなる。自分の意見に協力して欲しい」としているが、書簡は板垣を西郷使節派遣に同意させるためのものであって、西郷の本心は上記の閣議発言にあったとみる。
なお、副島が使節就任に意欲があったが、西郷が説得して譲らせたとする。

3　征韓論の展開と明治6年の政変

イ　岩倉使節団帰国、体制整備

・岩倉は征韓延期、樺太問題重視（露はサハリン（樺太）領有を目指していた）。岩倉は、英国の助言もあり、サハリン放棄、ウルップ島以北の千島列島を日本領とする考えであったとされる。
・10月12日　三条の要請で大久保参議就任。
大久保は西郷との衝突必至なことから固辞したが就任。
13日　副島参議就任。
・岩倉、大久保には留守政府組（西郷を除くと土肥）から主導権回復の意図があったとも見られている。

ロ　閣議決定

・10月14日　閣議。

三条、岩倉、西郷、大久保、板垣、大隈、江藤、後藤、大木、副島出席。木戸は前述の病で欠席。

西郷は、8月17日の閣議決定の確認を要請。岩倉・三条はサハリン問題の先決が必要と使節派遣延期主張。大久保は征韓論延期7か条主張（日本の民情・社会は不安定、財源がない、着手中の政府事業が中断する、武器弾薬が外国依存となる、国内生産減少・輸入が増大する、英露の対応に不安がある、朝鮮領有しても国土として保有していく力がないなど）。

決定を翌日に持ち越した。

15日　延長閣議。西郷は欠席、「派兵不可。使節派遣すべし。日朝親善関係実現したい」との始末書を三条に提出。

三条、岩倉は西郷使節派遣再確認を裁定。西郷の使節派遣を満場一致で了承。

会議後、大久保、木戸辞表提出、岩倉辞意表明。西郷は天皇への上奏を求めた。

ハ　決定を覆す

・10月18日早朝　三条が高熱で倒れ人事不省、20日　天皇が三条、岩倉の許に臨幸、岩倉を太政大臣代理に任命（天皇輔弼は太政大臣の専管）。

・大久保と黒田清隆が、閣議決定の使節派遣即行論と岩倉の個人的見解としての延期論の両論を岩倉太政大臣代理が上奏、天皇に延期論を嘉納させる「秘策」を提案。
19日　黒田が宮内少輔吉井友実に働きかけ、20日　徳大寺宮内卿から延期論を秘密上奏、天皇は延期論に同意。
・22日　西郷、板垣、副島、江藤、桐野が岩倉邸訪問、即行論上奏を要求。
23日　閣議で、西郷は8月の閣議決定通り西郷の使節としての派遣を要請。岩倉は両論上奏、天皇の聖断を仰ぐと主張。
岩倉が上奏。天皇は延期論嘉納、閣議決定は覆された。

二　政変

・10月23日　西郷は参議辞任。隅田川畔の小梅村に、28日　薩摩へ帰国。西郷系の官吏、士官（桐野利秋、篠原国幹《くにもと》など）が、西郷の後を追って辞職、帰国。従道、大山巌、黒田、吉井、川村などは追随せず。久光も関与せず。
・24日　全参議辞表提出。
岩倉は、大久保の助言に従い、辞表を選別。木戸、大隈、大木、大久保の参議辞表届却下。

25日　副島、後藤、板垣、江藤の参議辞職届受理。伊藤博文、勝海舟参議就任。
28日　寺島宗則参議就任。
・大久保が主導権を回復。政変後、任命された参議は各省長官兼務。
この政争のドサクサで、問題となっていた長州勢の汚職、不祥事の処理はウヤムヤとなった。
・岩倉は、西郷を死地に出すことはおかしいと考えたとも、視察団で得た情報を基に政策展開を図る上で西郷の存在は邪魔と考えたとも見られている。
11月　西郷の近衛都督解任。陸軍大将の肩書はそのままであった。
12月　島津久光、内閣顧問就任。
三条は辞表提出したが、12月19日　天皇が三条邸に行幸、輔翼を命じ、７年３月19日　三条、太政大臣復帰。

ホ　自由民権運動始まる

明治７年１月12日　板垣、副島、後藤、江藤が愛国公党結成。
17日　民撰議院設立建白書（政府の有司専制を批判、「天下の公議を張る」ため民撰議院設立（人民を国政に参与させるべし）を求める）を左院に提出（上記４人に加え由利公正、古沢迂郎（起草者）など８人）。自由民権運動が始まる（愛国公党は間もなく消滅）。

4月　板垣が土佐に立志社を創設、自由民権運動鼓吹。8年2月　各地の自由民権運動の連合体として大阪に愛国社創設。運動参加者は士族層であった。鹿児島の西郷の私学校と並んで士族の不満を背景に新政府と対立する存在となった。

第9節　大久保政権

1　大久保政権発足

イ　内務省設置

・明治6年11月10日　国内安寧人民保護の事務のため内務省設置。大久保が独の制度に感銘、自らが内務卿に就任（11月29日）。

7年1月10日　内務省の機構、職制公布。

勧業寮（農業、牧畜、開墾、繊維、貿易など所管）と警保寮（警察、川路利良起用、仏型の中央集権的警察を目指す。7年1月　東京警視庁設置、全警察官の35％が東京）の一等寮、戸籍、駅逓、土木、地理の2等寮と測量司が設けられ、国内行政全般を管轄する役所となった。警保は司法省、測量は工部省から、その他は大蔵省から移管された。

・目的は殖産興業。近代設備の官営工場設立、民間産業誘導を図る。

明治10年には産業振興のため内国勧業博覧会開催。三井、三菱、五代、住友、藤田などの政商が出現。近代産業は軍需産業を中核として成長する。

・内務省における大久保の評判は、仕事を人に任せ、責任は自分が引き受ける、自分の責任は決して逃げないという頗る良いものであったと言われる。

ロ　大久保政権へ

・６年12月27日　家禄税と家禄奉還制度創設。

華族、士族に与えられた家禄に家禄税を課し、陸海軍費に充てる。維新功労者に付与された賞典禄を奉還させる。家禄奉還を希望する者には家禄６年分を現金と秩禄公債で給付するなどとした。

士族がそれを元手に生業につくことを期待したが、８年７月　中止。全士族の約三分の一から奉還されたが、生業につける者は少なかった。

・三条実美が西郷朝鮮派遣を巡る混乱のなかで倒れ、政治に消極的となり、岩倉具視は征韓反対の元凶と見られ、明治７年１月14日　板垣の征韓論に与した武市熊吉などの土佐士族９人に赤坂食違見附で襲われ負傷、皇居の濠に落ちて命拾い。犯人は捕縛され斬罪とされたが、以降、岩倉は体調を崩した。

木戸孝允は使節団帰国後体調を崩しており、政治は大久保が主役となる。

2　士族反乱と外征―明治7年

士族は、当時の有識層であったが、廃刀には武士喪失の抵抗感があり、また、経済的には困窮、征韓論支持者も少なくなく、新政府への不満が累積していた。

イ　江藤新平の佐賀の乱　明治7年2月

・佐賀（肥前）は、廃藩置県後、職を失った不平士族が多く、県令岩村高俊（土佐）に対する反感も強かった。

征韓党（江藤支持士族）、憂国党（開化政策反対士族）、中立党などが結成されていたが、江藤が征韓論に敗れて佐賀に戻り、7年2月14日　江藤、島義勇《よしたけ》を擁して征韓党、憂国党の1万2千が武装蜂起、県庁占領。「秘策」批判、征韓断行と士族特権（俸禄、苗字帯刀など）の維持を要求。

・大久保は、三条から佐賀の行政、司法、軍事の三権の委任を受け、2月19日　博多に入り、東京、大阪、熊本の政府軍を動員。佐賀軍を破り、3月1日　佐賀入城。

・江藤は鹿児島に逃れ、西郷の支援による再挙を期待したが、「時期尚早」と西郷に協力を拒否された（西郷は「兵を置いて逃げた奴は許せぬ」と罵ったとの説もある）。
3月15日　四国伊予から土佐へ向かうが、土佐の協力は得られず、29日　土佐、阿波国境の甲の浦で捕縛され、4月7日　佐賀に護送。13日　判決。江藤は除族のうえ梟首。一味は、斬首、懲役、禁固など４００人。
・江藤は、明治2年10月に中央政府官職につき上京したが、その直前3か月程は佐賀藩権大参事の職にあり、村（２００戸）の寄合～大寄合～下之議院という議会制度を藩制に入れようとした進歩派。明治5年　初代司法卿となり、人権と法治主義確立に貢献している。

ロ　島津久光、左大臣登用

・大久保が佐賀出張中の4月27日　三条の強い推挙で島津久光が左大臣就任。三条は久光を政府に取り込むことで不満士族の口を封じようとした。
・久光は、5月23日　礼服の制、租税制度、兵制を旧に戻すべきとの意見書を三条、岩倉に提出。大久保、大隈が意見書に異議があるならば2人の免職を求めた。
25日　大久保辞表。既に、木戸は台湾出兵反対（後述）のため4月18日に辞表提出。岩倉も負傷のため辞職したいと表明、三条は暗殺を怖れ、腰が定まらない状況であった。
伊藤が三条、岩倉、大久保の意見を調整。大久保は岩倉の奮起を促し、三条の優柔を責めた。久光は意見撤回。

八　台湾出兵

・明治4年11月　琉球宮古島の住民66人が台湾南部に漂着、54人が現地住民（牡丹社の人々、高山族）に殺害された。5年7月には鹿児島県に伝わり、鹿児島県関係者の間で問題化、出兵論が台頭。

外務卿副島は軍事的報復、日本領有の強硬意見。

明治6年　岡山県漁民が同じ場所に漂着、略奪にあった。

・明治6年2月　副島を特命全権大使に命じ、3月　台湾の宗主国清へ派遣、清国に抗議。日本の抗議に対し、清は「台湾は化外の地」と述べ、責任を取る態度を見せなかった。

日本は、化外の地ならば領有しても万国公法に反しないとし、士族対策もあって西郷、副島などが出兵を唱え、一方、井上馨などは国力充実が先と出兵反対。

清国は、台湾、琉球は清の属国、琉球島民が台湾の生蕃に殺害されてもそれは清の国内問題と理解していたと思われる。

6年8月中旬以降、西郷の朝鮮使節派遣問題で、台湾出兵は、一時、棚上げとなった。

・6年末～7年初　鹿児島征韓士族が三条太政大臣に西郷復職、征韓断行を要求。三条は拒否するが、台湾出兵を約束。

7年2月　大久保、大隈は台湾蛮地処分要略（琉球人殺害報復に限定した出兵許可、領有否定）を閣議提出。台湾出兵を機に、琉球帰属問題の決着と不平不満士族対策（とりわけ薩摩士族）の解決を図る意図であった。戦争の規模も小さく、国際紛糾も少ないと考えたと見られる。

木戸は出兵反対（5月13日　参議・文部卿免、宮内省出仕任）、山県も征台に批判的であった。

4月13日　英公使パークスは、日本の台湾出兵が日中戦に発展、極東貿易攪乱を怖れ非協力、18日　米公使ビンガムは局外中立を表明、用船を断った。新政府は困惑。

・大久保が佐賀の乱鎮圧のため離京中の5月2日　台湾蛮地事務総督陸軍中将西郷従道が千余の兵を率いて出兵。

6月4日　清の抗議が外務省に届く。24日　現住民の平定が近いとの報が入る。7月8日　戦に廟儀相決。

軍は牡丹社を制圧したが、ゲリラとマラリヤに苦しめられ、兵５００余の死者を出した。

・8月1日　清との戦争を避けるため、大久保を全権弁理大臣として北京派遣。

2日　伊地知正治、黒田清隆、山県有朋参議就任（参議9人）。

9月10日　大久保、北京着。清国代表北洋大臣李鴻章と交渉。李は台湾は清の領地と主張。交渉は難航。

在清英国大使ウェードは交渉不調で日中戦争となれば極東貿易上好ましくないと考え、大久保と李の交渉仲介。

10月31日　清国は遭難漁民の慰謝料の名目で銀50万両（戦費の1割程度）支払、日本は撤兵で交渉妥結。

清国は、琉球人は日本属民とし、出兵を義挙として認め、琉球の日本帰属を認めたこととなった。

11月16日　大久保は台湾に渡り西郷従道と撤兵打合せ。

11月27日　横浜帰国。市民に出迎えを受け、歓迎された。

・大久保政権成立を何時と見るかについては、内務卿就任時、台湾問題解決成功時の両説がある。

3　漸次立憲体制整備、政体整備

イ　漸次立憲体制整備

・木戸は台湾出兵に反対、参議を辞職していたが、8年　伊藤博文の仲介で大久保と会談。

伊藤が以下の４か条の改革案を示して木戸の政権復帰を説き、大久保容認、木戸は政府復帰を約束。

i　専制政治の幣を防止、将来の国会開設の基礎として元老院創設

ii　裁判の権威確立のため大審院創設

iii　民意を疎通するため地方官会議設置

iv　内閣と各省分離

・井上馨の仲介で木戸（漸進改革派）、板垣（急進改革派）が提携合意。大久保、木戸、板垣が大阪会議（８年２月11日）。木戸、板垣が参議復職（３月）。

・４月14日　漸次立憲政体樹立の詔書

元老院を設け立法の源を広め、大審院を創設して審判の権を強化し、地方官会議を招集して民情を通じ公益をはかって、漸次、立憲体制（憲法発布、議会開設）の樹立を進めることを宣言。

ロ　政体整備

・元老院（立法機関）、大審院（司法）設立、左右院廃止。

正院は庶政を総理。内閣（参議）が正院の中核機関となる（10年１月18日　正院の称廃

止）。

閣議は1と6の休日（9年4月1日から日曜が休日）以外は毎日開催、天皇臨席は金曜。

・元老院は立法機関として構想されたが、その権限を巡り紛糾。立憲体制急進派の板垣と漸進派の大久保、木戸が対立。

島津久光は保守的立場（有力華族が久光支援）から三条、大久保等を弾劾。

10月26日　久光、板垣免官（久光は11月2日　麝香間祗候を命じられ、9年4月帰郷）。

元老院は、9年1月開院。議法官と規定され、9月　勅命をもって憲法起草を命じられた。議官は、勝、後藤、由利、福岡、吉井、陸奥など13人。

・内閣（参議）諸省卿分離問題。板垣は分離主張、三条は現行維持主張。分離延期で合意（久光のみ不同意）。10月19日　延期の勅語。

・6月20日　第一回地方官会議開催（議長は木戸）。

開会の勅語は「地方官は親しく民情を知ることができる。衆庶のために公益を考え公論衆議を図るよう命じる」であった。

議題は、道路・堤防・橋梁および民費のこと、地方警察のこと、地方民会のこと、貧民救済のこと、小学校設立のことなど。

なお、地方民会については、区戸長をもって府県会、区会の議員とすることが決まった。

・9年3月　木戸参議辞任。内閣顧問に。

4　内務省体制整備など

イ　内務省体制整備

・8年5月24日　大久保が三条に「内務省事業の目的を定る議」提出。
i　設立の目的―民業振興
ii　基本方針―内治の整備と国力養成
iii　2大目標―実力の養成（勧業寮）と治安の根茎の確立（警保寮）
・年末　府県に警察行政担当者として警部（その管轄下に巡査）、警察区（各区に警察署）設置。
11月　府県職制並事務章程制定　各府県は6課制とする。
9年　3府35県とする。
9年7月　県官任期令制定　任期12年、3年毎に勤務評定。

ロ　武士特権取上げ

・9年3月28日　廃刀令太政官布告。帯刀の自由は既に行われていた。

・8月　華族士族の家禄・賞典禄廃止、年金生活者とする金禄公債条令発令（10年実施）。家禄支給打切り、10年程度（ランクにより異なる）の家禄を合算して金禄公債を一括給付、徐々に償還（5年目以降、抽選で償還者決定）。償還までの収入は証券利息となる。
家禄支給は大きな財政負担であったが、徴兵制施行により士族の存在は不要となった。

第10節　樺太、琉球、江華島問題

1　樺太（サハリン）帰属問題

露は樺太に将兵、流刑人を送り込み占有、日本も移民を入植させたが根づかず、事実上、樺太放棄の形になっていた。
明治5年　露代理公使ビュッオフが来日。樺太全島を買い取るか、代償を得て放棄するかを迫った。
7年1月14日　榎本武揚を海軍中将に任命。18日　榎本を露との領土交渉特命全権大使に任命。
8年5月7日　樺太・千島交換条約調印。
日露両属であった樺太を露領、千島諸島を日本領とし、国境確定。

2　琉球帰属問題

明治4年　廃藩置県で琉球を鹿児島県管轄とする。
5年　9月14日　琉球置藩。日本の一方的通知に対し、琉球王府は清との両属を希望。外務省は琉球と清との独自外交を否定せず。
7年5月　日本軍、台湾出兵、12月　琉球は清に進貢使派遣。
8年7月　日本政府は、内務省大書記官松田直之を琉球処分官に任命。琉球が清国との関係を止めるよう働きかける。
琉球は、清国に援助を要請、日本の要求を拒絶。
9年5月　内務少丞木梨精一郎に琉球在勤を命じる。
琉球の要請を受け清が日本外務省と交渉。
12年3月　松田は、警察官160人、歩兵400人を率いて首里城に乗り込み、4月琉球藩を廃し沖縄県新設。国王尚泰（しょうたい）は華族として東京在住を命じられる。
12年4月から日清交渉。日本は宮古島、八重山諸島の清への割譲、清は、琉球南部は清、中部は琉球、北部は日本の3分割案主張。
清は王族を王に立てて琉球冊封体制存続の動きもあったが、清の態度が急変、14年1月交渉決裂。

その後、琉球士族の抵抗は続いたが、人頭税など旧慣温存策が取られ、情勢は次第に沈静化していった。

3　江華島事件と日朝修好条規

・明治6年の政変直後、朝鮮では政変が起き、大院君失脚、王妃閔氏一族が政権を握った。閔政権下で日朝交渉があったが交渉停滞。日本政府は沿岸測量の名目で軍艦を朝鮮近海に派遣。

8年5月　日本軍艦雲揚が釜山入港、朝鮮側の抗議を無視して発砲演習。

9月20日　朝鮮半島西海岸を示威測量していた軍艦雲揚はソウルに近い漢江河口の江華島に接近、艦所属のボ〜トが飲料水補給のため沿岸に接近、沿岸の砲台から砲撃を受け、雲揚応戦、双方に死傷者。報復として、午後、雲揚は江華島対岸の永宗島の砲台を攻撃、破壊。日本は、居留民保護の名目で軍艦春日を釜山に派遣。

・黒田清隆を特命全権大臣、副使に井上馨を任じ日朝交渉。清は日本との軍事的対立を避け介入回避。露、英、米は日本を支持。

9年2月26日　日朝修好条規調印。

対等交際、自由貿易、釜山以外の2港（仁川、元山）の開港、領事裁判権（開港場での日本人の犯罪は日本が裁く）を規定。

日本はかって西欧諸国に強いられた内容の条約を朝鮮と締結。日本は清の宗主権制約を狙ったが、清は宗主国の立場を変えなかった。
・西郷は江華島事件を聞き、測量にあたっては朝鮮側の承諾を求めるべきだ。発砲されたら、まず、事情を質すべきで、そうすることなく戦端を開いたことは誠に遺憾。条理において恥ずべき所為と雲揚の行動を批判している。毛利氏の主張する明治６年の征韓論における西郷の立場に通じるものがある。

4　士族反乱～熊本神風連の乱、秋月の乱、萩の乱

明治９年　政府の諸施策に対する不満士族が次々と反乱を引き起こしたが、政府は迅速に対応、厳罰を以て対処、反乱鎮圧。

イ　熊本神風連の乱

・９年10月24日夜　神官太田黒伴男に率いられた熊本敬神党１７０余人が、攘夷と神政を求めて熊本鎮台を襲撃。鎮台司令官種田政明、県令安岡良亮《りょうすけ》殺害、３００余名殺傷。銃を使わず、刀剣と焼玉のみ使用した襲撃であった。しかし、直ちに襲撃は鎮圧され、戦死

27人、自刃86人、斬罪3人。
・太田黒などの敬神党は、幕末思想家林桜園《おうえん》（明治3年没（74歳）の「この世の出来事、歴史は神意で動く」の信奉者、文明開化を病的に嫌った。乱の切掛は廃刀令とされる。

ロ　秋月の乱

9年10月27日　政府の対韓政策を批判、攘夷を掲げて、福岡の旧秋月藩士宮崎車之助、今村百八郎はじめ二百数十人が、熊本神風連の挙兵を機に蜂起。萩の前原一誠と連携、豊津（福岡県朝倉市）に進撃。旧小倉の士族に参加を呼びかけたが、11月3日　小倉鎮台兵に鎮圧され、宮崎など首謀者自害、多くは捕らえられた。

ハ　前原一誠の萩の乱

・前原一誠は、明治2年7月　参議、12月　大村益次郎の後任として兵部大輔、3年9月辞職、萩に隠棲、長州の不平士族の旗頭的存在となった。松陰の叔父玉木文之進も明治8年に前原一党に参加。
・9年10月28日　旧長州の不満藩士300余人と前原は萩の明倫館に集まり、政府打倒で蜂起（政府の朝鮮政策、樺太・千島交換、地租改正、士族にたいする政府の措置に痛憤）。

県庁のある山口に向かおうとしたが政府軍の包囲を破れず、10月31日　山口進撃を諦めて山陰道を東上須佐へ、海路石見濱田に向かうが、海が荒れて出雲宇龍港（出雲市大社町宇龍）で11月５日に捕縛され、12月３日　同志と共に斬首。

第11節　西南戦争、西郷の死

１　戦争まで

・西郷隆盛は、明治６年、征韓論の政争に敗れて帰郷。

７年６月　鹿児島で私学校設立。私学校は、西郷を追って帰郷した軍人、官吏収容のため作られた施設で、篠原国幹、桐野利明、村田新八などが幹部。軍事、漢学などを教授。篠原国幹が監督する銃隊学校（旧近衛歩兵６００余人）、村田新八が監督する砲隊学校（旧近衛砲兵２００余人）があり、県下１３６校に及んだ。

10月　大山綱良が県令着任。

私学校関係者を学校長、警部などに任用、私学校助成も行われた。

・９年12月　大警視川路利良が、薩摩出身の警部、巡査を私学校内偵（視察）のため帰郷させた（私学校に入らせ、皆を説得して事態の緩和を図ろうとしたともされる）。

10年初　彼等は捕縛され拷問を受け、「川路から西郷刺殺（視察かも）の指令を与えられた」と自供。

・政府は鹿児島の陸軍火薬庫、海軍造船所で銃砲弾薬を製造、保管していたが、情勢に鑑み、10年1月から、銃砲弾薬を大坂工廠に移転し始めた。これを私学校学生は政府が彼等の弾圧の決意を固めたと受け取り、1月30日　施設襲撃、銃砲弾薬略奪。

事件から3日経って、西郷は事件を知り、「ちょっ、しもた。おはんたちは何たることをしでかしたとや」と怒ったが、事件発生後であった。私学校が引き起こしたことであり、「おいどんの体あげましょう」との発言となったとされる。

2　西南戦争

イ　戦争勃発

・明治10年2月15日「政府に尋問の筋あり」を大山綱良県令に提出。鹿児島県士族約1万4千が出陣、東上。西南戦争勃発。それ以外に蜂起の目的を明らかにしたものはない。

西郷蜂起に呼応して熊本、宮崎、大分など九州各地の反政府、不平不満士族参戦。彼等の主張、主義は様々（民権派指導者もいた）であったが、挙兵の目的は「姦臣を除く」としている。

・大久保は、西郷が「名節を砕いて終身を誤ることになって欲しくない」と思い、西郷に会って話し合えば説得できるのではないかと、九州出張を閣議に申出たが実現しなかった。

ロ　戦争

・2月22日　薩摩軍は熊本城を四方から攻撃。この戦が命運を左右することとなった。
熊本城の守将は谷干城（土佐）、参謀長は樺山資紀《すけのり》（薩摩）、スナイドル銃装備の歩兵3千余、火砲26門。攻撃に耐え、落城しなかった。

2月20日　熊本鎮台援軍野津鎮雄少将率いる第一旅団、三好重臣少将率いる第二旅団が神戸港出発、22日　博多上陸。

薩摩軍は主力2千を北上させ、田原坂に陣地構築、迎撃体制をとり、政府派遣軍と田原坂（玉名郡玉東町　約1・4キロメートルの天嶮の地）で17日間にわたり激戦。3月20日政府軍が総攻撃（警察の抜刀隊（会津藩出身者多数在籍）の活躍（会津戦の復讐）は著名）、田原坂突破。八代にも政府増援軍上陸。

　4月14日　山川浩中佐（会津落城時に登用された元会津藩家老）が熊本鎮台救援一番乗り。15日　政府軍熊本城入城。西郷軍は人吉へ退却（約7千）。

山川同様、会津落城時に家老に登用された佐川官兵衛（会津若松落城時千の兵を率いて突出戦強行。戦後、斗南移住、会津若松帰国。その後、川路の募集に応じ、明治7年 3百人の会津藩士と共に警察出仕、大警部、権少警視）は、10年2月 大分へ出陣、3月8日 薩摩との遭遇戦で銃弾に倒れている（47歳）。

・3月8日 勅使柳原前光が軍艦4艘と2千の兵で鹿児島入り。西郷出陣で鹿児島は空の状況であった。柳原勅使は久光に反乱加担のないことを確認、県令大山綱良拘束、長崎へ連行。2千の兵（黒田中将率いる）は西郷の背後を衝くため肥後へ向かう。

27日 政府大軍を率いて海軍中将川村純義鹿児島上陸、陣地構築、城下の屋敷を焼き払う。

・6月1日 人吉陥落。薩摩軍は、都城、宮崎、延岡へ敗退。延岡近くの可愛岳《えのだけ》に追い詰められた（3500人）。

8月16日 全軍に解散令。17日 西郷、可愛岳脱出、鹿児島へ。9月1日 城山に籠る（兵、軍夫併せて370人程度）。

24日 政府軍、城山総攻撃。薩摩軍崩壊、降伏。

西郷自決（51歳）。西郷は銃弾で負傷、介錯は別府晋介とも、桐野利秋とも言われる。西南戦争で西郷は積極的に自分で指揮をとることはなかった。県令大山綱良は斬首。

八　西郷軍の発想と現実

西郷軍は戊辰戦争で実戦を経験した士族の軍団、対する政府軍は徴兵の農民、町民出身者の軍団であることから西郷軍は武力において自分達が優ると考えたこと、熊本城政府軍参謀長は薩摩の樺山資紀であったことなどから西郷軍は九州を簡単に征し、その後、下関から大阪湾に向かうことで事は成ると考えた。勝海舟も戦の展開をそのように予想したとされる。

結果は、新兵器で武装した大軍の政府軍に、旧装備かつ兵力に限りある薩摩軍は惨敗した。西郷は死に場所を求めていたとも見られている。

二　政府の対応

・戦争勃発時には、天皇は大和・京都巡幸中であった（木戸が供奉）。

西南戦争勃発、これに対応するため内閣は東西両京（東京、京都）に置かれた。京都は天皇、三条、木戸、大久保、山県、伊藤、東京は岩倉、大隈、大木、寺島。

・2月18日　京都の閣議で暴徒征討令決定、25日　公布。

有栖川宮熾仁親王を征討総督に、参謀には陸軍中将山県有朋（長州）、海軍中将川村純義（薩摩）を任じた。

当時、全国6軍管区（仙台、東京、名古屋、大阪、広島、熊本）に鎮台があり、常備兵力は平時で3万一千、戦時は4万6千余人。

会津、桑名などから政府軍へ多数の参戦者があり、「朝敵回り持ち（維新勝組の不平士族が朝敵となり、賊軍会津・桑名が官軍となった）」と言われた。

28日　大阪に内閣出張所設置。

3月8日　勅使柳原前光を鹿児島に派遣（黒田清隆随行）、久光、忠義父子に自重を求めた。久光は中立表明。忠義は両軍の休戦を謀るが失敗（久光は明治17年　華族令施行で公爵、20年没（71歳）。鹿児島で国葬）。

4月20日　出張所廃止。7月30日　天皇、東京還幸。

・戦費は4156万円、1年分の国家予算に相当。1500万円は国内銀行からの借入れ、残余は通貨（不換紙幣）増発で賄った。このため、インフレを惹起、士族の生活を直撃。

ホ　戦後

・戦後、勝は西郷と密約があったのではないかと警視庁の調べを受けている。

明治12年　勝は、向島浄孝院境内に、西郷追悼の大石碑建立。勝は西郷を大胆識と大誠意を持つ大度洪量の人物として畏敬している。

無血開城を勝の功績としてクローズアップするため、勝は西郷を持ち上げる必要があった。実は、それ程、西郷を高く買っては居なかったとする見解もある（水野靖夫氏）。

・明治22年　大日本帝国憲法発布の大赦で西郷は賊を解かれ、正３位追贈。

31年　上野に西郷の銅像建立。除幕式に山県有朋総理出席。

・西郷（5尺9寸と言われる）の写真は現存しないとされる。肖像画は、伊人キヨソーネが描いたもので、目元は弟の従道（１８４３～１９０２年）、口元は従兄弟の大山巌（１８４２～１９１６年）からとって描いたとされるが、夫人は本人とは違うと述べているという。上野の西郷の銅像も肖像画を元にしているが、浴衣で歩くことはないと夫人は述べたとされる。

西郷ではないかと言われる写真（元治1年12月撮影の13人の1人、蘭宣教師フルベッキ父子を囲む44人の武士の１人が西郷隆盛説）はあるが、写っているのが本人かは不明。

・西郷は度量の大きい、誠意の人、情に脆い処があり、清廉潔白、一方で、激情と冷徹さを持った人物と評される。

第12節　木戸、大久保の死、明治天皇

1　木戸孝允、大久保利通の死

イ　木戸の死

・明治10年5月26日　木戸孝允、京都の別邸で病没（45歳）。

木戸は聡明、眼識のある人物と目され、新政府において、長州人脈を代表する人物として重きをなし、政府中枢にあったが、意見の対立で辞職、請われて復職を繰り返している。

・逃げの小五郎（池田屋事件、禁門の変の回避、明治6年の政変に不参加など）とも陰口される。「書生輩開化家に人望あれば、野に在りては随分困ること多し」、「すねて不平をならす」とも評された。

西郷、大久保と並ぶ維新の3傑の一人とされる。

ロ　大久保の死

・11年5月14日午前8時過ぎ　大久保が、馬車で自邸から赤坂の仮皇居へ登庁する途中、紀尾井坂で金沢士族（島田一郎など5人）と島根県士族浅井寿篤《としあつ》に襲われ、暗殺された（48歳）。

島田は西南戦争に参加しようとして果たせず、西郷、木戸亡き後、内務省中心に独裁政治を進める大久保に不満を持つ士族という。

暗殺後、島田等は、民権抑圧など大久保の失策を記した5か条の斬奸状を持って自首。７月27日　６人は死刑判決、斬罪となった。

・暗殺当日の朝、大久保は福島県権令山吉盛典に、「明治1～10年は創業の時代であった。これからの10年は建設の時代で、不肖、私の尽くすべき仕事、それからの10年は優秀な後輩が跡を継いで日本を大きく発展させてくれるだろう。」と述べたとされ、これからの10年は政府を率いていく積りであった。

大久保は、冷静沈着、剛毅果断の人物、そして、実務的人物であった。

ハ　維新の三傑、岩倉、三条

・幕末、維新の舞台を回した維新の三傑とされる木戸、西郷、大久保が亡くなり、時代は節目を迎えたと言えよう。

・西郷は３人の中では一番早く１８５４年（安政1年）に政界デビュ～したが、１８５８年末（安政５年）～１８６２年春（文久２年）、同年夏～１８６４年（元治1年）、京都の幕末政局混乱の時期を島流しで不在、木戸は１８６３年（文久３年）８月18日の政変で京都を追われ王政復古まで政界で活動出来なかった。

三条は8月18日の政変で長州、その後、大宰府に流され、岩倉も1862年（文久2年）に尊攘派に弾劾され1867年（慶応3年）春まで洛中に入れなかった。

これに対して大久保は1862年（文久2年）32歳で政界登場以降、空白期間なく活躍している。

・西郷の政治の世界での活躍は、幕末は、禁門の変以降、王政復古のクーデター、鳥羽伏見戦から江戸城開城の間（1864~68年）、新政府になってからは明治4年から6年迄であり、明治維新において、常に政治の中心にあったわけではない。にも拘らず、我々の感じる存在感は木戸、大久保よりも大きい。節目での鮮烈な行動、歴史に残る行動に依ろうが、意に沿わないまま西南戦争を戦い、敗死したこともその要因であろう。

・それに比べると、木戸の存在感は薄い。有能な人物であるが、幕末の政変時には長州は朝敵の立場にあり、表舞台に登場出来なかったこと、また「すねて不平をならす」と評される処があり、新政府要職就任後も自分の意見が通らないと辞任、就任を繰り返している。晩年、宮中出仕、明治天皇の成長に影響を与えたとされる。

・岩倉具視は明治16年7月20日歿（57歳）。異色の公家で、政治工作、周旋家として才能があり、独創性のある人物であった。

三条実美は明治24年2月18日歿（55歳）、維新後、一貫して政府要職にあったが、政治を主導した人物とは言えない。

・こうした人々に比べて、大久保は幕末には島津久光に従い、倒幕の第一線で休むことなく活躍、維新の大変革には中心となって働き、新政府においては中心人物として常に政策を主導した。明治11年に没するまで、政府の重要政策の全てに関わった人物であり、その実務的功績は最大の者であったと言えよう。

2　明治天皇

イ　天皇の養育

・新政府にとって天皇は政権の正統性の源泉であり、最重要な政治的存在であった。宮中に閉じこもった、乃至、因習に捉われた天皇では新政府の期待する政治機能を果たすことは出来ない。このため、宮中改革に取り組んだのは大久保であった。

１８６８年に大阪遷都提言、拒否されたが、東京奠都を実現。

１８７１年7月　廃藩置県に伴う改革の一環として、宮内少輔吉井友実をして旧来の女官を一斉罷免、新たに士族から侍従登用。

・１８７１年5月　大久保の推挙で細川家に仕える元田《もとだ》永孚《ながざね》が天皇の侍読に就任（元田は

横井小楠に師事した朱子学者)。堯舜に体現された儒学的聖人の途を天皇に説き、聖人の道を修めた天皇による万機親裁体制を目指した。18歳の天皇は元田を好感をもって迎えたとされる。

ロ　木戸と天皇。

・木戸は台湾出兵を機に参議辞表提出。
1874年5月13日　宮内省出仕を命じられ、宮内卿の上に着座。
1875年3月8日　参議に復職したが宮内省御用担当。
1876年8月3日　参議辞職、宮内省出仕。
・表に出ることを好まず奥に引きこもりがちな天皇に木戸は働きかけ、天皇が実質的に政治に関与、天皇と政府の関係強化を期待した。
1876年の東北巡行(木戸随行)から天皇が変化、政務に関心、木戸との信頼関係が深まった。

木戸は開化漸新論、急進的中央集権政策や有司(薩摩)専制に批判的であり、天皇に影響を与えたとされる。

八　西南戦争と天皇

・1877年1月28日　明治天皇は孝明天皇の十年式祭のため京都行幸。2月　西南戦争勃発。7月末の帰京までの間に天皇は精神的危機（引きこもり）に陥ったとされる。西郷に対する思慕の情も一因とされるが、国民同士が戦う内乱を君主として阻止出来なかったことに対する自責の念からともされる。戦況好転もあり3月下旬以降、次第に回復。西南戦争を機に天皇は飛躍的に成長したとされる。

・8月　侍補新設。吉井友実、元田永浮など10人を任命、輔導開始。天皇は修学に意欲的で、岩倉、三条も御進講、参議も政務報告。

天皇は頑固であるが、独断専行せず、周囲の意見に耳を傾け、練言を受け入れる寛容さも失わなかったとされる。

1878年春　大久保が宮内卿、同年歿。

天皇親政を求め宮中側近が動き、阻止のため、1879年　侍補職廃止。

以降、天皇は存在感を強め、伊藤が天皇の信任を得ていく。

終章

1　明治維新は時代の流れ

イ　家康の開いた徳川幕府は、家康の子息、親族、直属であった配下の武士を御三家、親藩、譜代、旗本とし、日本最大の軍事力を背景に全国の大名を支配下におく幕藩体制、封建体制を構築した。

現実の政務は、譜代大名から選ばれた有能な数名の老中（閣僚）と配下の有能な旗本が取り仕切り、江戸中期までは、幕府の威令は行きわたっていたが、商業経済の発展に伴い、後期にはその基盤が揺らぐ。加えて幕末には支配層武士の慣例踏襲、組織の硬直化・劣化、欧米諸列強の開国への圧力、侵略の危険も生じ、国の方針、政治運営に大きな変革を必要とする状況となった。

徳川慶喜、4賢侯に代表される体制側の改革案は、いずれも改革後も自らの政治力を保とうとするものであった。多くの有能な幕臣が存在、彼等は、先進知識を持ち、海外情勢にも通じていたが、体制の大枠を越えることは立場上、また、永年の思考基盤から出来なかった。

倒幕を実現した維新の3傑に代表される薩長の中下層武士には失うものは少なく、幕府体制を維持しなければならない責務もなく、新たな政権樹立を目指して天皇の権威を背景に倒幕に成功した。

ロ　幕末動乱で命を失った藩主はいない。幕府のため、藩のため、責任を負って果てたのは家臣達であった。四賢侯と言われた人々も自らの命を賭けて国の大事に臨んだ、乃至、自分の主張を貫いたとは言えない。

維新を遂行した人々の多くは、先進学術を学び、自らの行動に命を賭した。その過程で多くの人々が命を落としている。その生き様に大きな差を感じる。

ハ　新政府の構築にあたっての試練は、版籍奉還、廃藩置県による幕藩体制の一掃、そして、武士層の解体であったが、新政府は武力を持ち、旧勢力は既に勢を失っており、さしたる抵抗もなく成功した。新政府の統治組織も試行錯誤を繰り返しつつ、明治10年には一応の政府経営の基礎は出来たと言えよう。藩閥政府であり、専制、腐敗もあったが、政府を支えた人々は、才能に恵まれ、創造力に富み、行動力のある人々であった。

ニ　農業、農地支配を基盤とする幕藩体制、封建体制は、産業革命を経た工業の発展、商業・交易の世界的展開の世には適応出来ず、早晩、崩壊の運命にあった。変革の担い手は、当時の日本では武士層以外にはなく、目覚めた薩摩、長州が、天皇を擁して倒幕、新政府樹立に成功した。

彼等の反面教師となったのは清国であり、かの国のあり様を見て、日本が国を保つためには何を為すべきかを知ったといえよう。

2　10年以降の明治日本の発展

維新三傑没後、その跡を担ったのは伊藤（1841〜1909年）、黒田（1840〜1900年）、山県（1838〜1922年）、松方（1835〜1924年）などであった。彼等が中心となり、憲法制定、国会開設と近代政治体制の整備を進め、対外的には、日清戦争勝利へと時代は進んだ。

・明治14年10月　国会開設（23年）の詔。以降、国会開設を控えて自由民権運動盛行。板垣の自由党、大隈の立憲改進党結成、自由民権運動への平民参加増加。

18年12月22日　太政官制から内閣制へ移行。初代総理伊藤博文。三条は内大臣となり宮中で天皇を常侍輔弼。

22年2月11日　大日本国憲法発布。

23年7月1日　第1回衆議院選挙。300人の国会議員誕生。

27年8月〜28年4月　日清戦争。

不平等条約改正の実現には時間がかかった。治外法権回復は明治32年、関税自主権回復は44年であった。

こうした動きを経て、日本は列強の一つへと育っていった。

あとがき

明治維新、激動の25年の政治史を記述した。

幕末、徳川幕府は鎖国から開国へと国策を切り替えた。その過程で幕府は天皇の権威に頼り、それが尊王攘夷、倒幕運動を引き起こした。徳川慶喜は、倒幕運動を沈静化するため大政奉還、政権は離れたが、依然として、国内最大の武力を持ち、今後の政治を左右する力があった。しかし、慶喜は迷走、そのチャンスを失い、明治藩閥政権が誕生した。誕生後の明治政府は巧みに版籍奉還、廃藩置県を実現、政権の基礎を確立、開化政策を推進、富強強兵、近代法制を整え、先進国仲間入りを果たした。

もし、慶喜が鳥羽伏見戦争をせず、新政府に参加していたら明治の世はどうなったであろうか。或いは、慶喜が京都包囲作戦を採り、鳥羽伏見戦に勝利していたらどうなっていたであろうか。

前者であれば、新政府内に激しい政争が生じ、後者であれば、違った展開が想像されるが、いずれにせよ、明治の世は現実の姿とそう異なったものとはならなかったのではないかと思われる。

幕末明治の四半世紀の激動の中で、尊攘テロ、禁門の変、戊辰戦争、新政権の下での不満士族の争乱、一揆、日本最後の内戦の西南戦争で倒れた人々は多数に上る。明治維新は、多数の人々の犠牲のうえ築かれたことを忘れてはなるまい。

参照、引用させて頂いた多くの文献の著者の方々には深く感謝申し上げる。理解に誤りがあれば全て筆者の未熟による処であり、お詫び申し上げる。また、編集刊行にご協力頂いた大蔵財務協会の方々に心から御礼申し上げたい。

幕末・明治時代年表

西暦	和暦	主な出来事
1853	嘉永6	ペリーが浦賀に来航 ロシア使節プチャーチン、長崎に来航
1854	嘉永7	日米和親条約締結 日英和親条約締結 日露和親条約締結
1855	安政2	日蘭和親条約締結
1856	安政3	アメリカ総領事ハリス来日 篤姫、第十三代将軍・徳川家定と結婚
1857	安政4	ハリス、江戸城で将軍に謁見
1858	安政5	日米修好通商条約調印 安政の大獄
1860	安政7	日米修好通商条約批准書交換のため遣米使節派遣 桜田門外の変
1862	文久2	和宮、降嫁 生麦事件
1863	文久3	浪士組（新撰組）結成 薩英戦争 八月十八日の政変

1864	元治元	池田屋事件 蛤御門の変 第一次長州征討 四国連合艦隊、下関砲撃
1865	慶応元	通商条約勅許
1866	慶応2	第2次長州征討、薩長盟約
1867	慶応3	討幕の密勅 大政奉還 王政復古の大号令
1868	慶応4	鳥羽・伏見戦 五箇条の誓文、五榜の掲示 東北越後戦争 江戸を東京と改称、年号を明治に
1869	明治2	東京遷都 箱館戦争 版籍奉還
1870	明治3	藩制布告
1871	明治4	御親兵成立 廃藩置県 日清修好条規調印 岩倉使節団出発
1872	明治5	学制公布

1873	明治6	徴兵令 岩倉使節団帰国 地租改正条例 明治六年の政変
1874	明治7	佐賀の乱 征台の役
1875	明治8	樺太・千島交換条約締結 江華島事件
1876	明治9	日朝修好条規調印 神風連の乱・秋月の乱・萩の乱
1877	明治10	西南戦争

参考文献

講座明治維新
　幕末政治と社会変動　有志社　明治維新史学会
　維新政権の創設　同右　同右
　近代国家の形成　同右　同右
日本近代の歴史
　維新と開化　奥田晴樹著　吉川弘文館
「主権国家」成立の内と外　大日方純夫著　同右
明治政治史　岡義武著　岩波書店
明治維新の再発見　毛利敏彦著　吉川弘文館
明治維新の隠された真実　安藤優一郎著　日本経済新聞出版
戊辰戦争（戦争の日本史18）　保谷徹著　吉川弘文館
幕末維新改メ　中村彰彦著　晶文社
幕末維新伝　木村幸比古著　淡交社
明治維新を読みなおす　青山忠正著　清水堂出版
もう一つの幕末史　半藤一利著　三笠書房
明治維新の正体　鈴木壮一著　毎日ワンズ
明治維新という過ち　原田伊織著　講談社文庫
禁断の幕末維新史　加治将一著　水王舎
維新の後始末　野口武彦著　新潮新書
明治維新の大誤算　夏池優一著　彩図社
氷川清話　勝海舟著　講談社学術文庫

参考文献

勝海舟の罠　水野靖夫著　毎日ワンズ
幕末政治家　福地桜痴著　岩波文庫
幕末史　佐々木克著　ちくま新書
不平等条約でなかった幕末の安政条約　鈴木壮一ほか著　勉誠出版
地租改正　佐々木寛司著　中公新書
日本を開国させた男　松平忠固　関良基著　作品社
朝彦親王伝　徳田武著　勉誠出版
島津久光の明治維新　安藤優一郎著　イースト・プレス
素顔の西郷隆盛　磯田道史著　新潮新書
大西郷という虚像　原田伊織著　悟空出版
大久保利通と明治維新　佐々木克著　吉川弘文館
木戸孝允　松尾正人著　同右
徳川慶喜の孤独　鈴木荘一著　勉誠出版
高橋泥舟　岩下哲典編著　教育評論社
明治維新の敗者たち　マイケル・ワート著　みすず書房
水戸学と明治維新　吉田俊純著　吉川弘文館
緒方洪庵と適塾の門弟たち　阿部博人著　昭和堂
幕臣たちの誤算　星亮一著　青春出版社
幕末十冊の名著　北影雄幸著　勉誠出版
幕末維新史年表　大石学編　東京堂出版
徳川幕府大辞典　竹内誠編　東京堂出版
幕末明治日本紀行　小沢健志監修、岩下哲典編　山川出版社
逝きし世の面影　渡辺京二著　平凡社

和 邦夫

（やまと・くにお）


本名　石坂匡身（いしざか・まさみ）。

1939年、東京都生まれ。

1963年、東京大学法学部卒業、同年大蔵省入省、1994年まで同省勤務、同省主計局主査、調査課長、大臣秘書官、主税局審議官、理財局長などを務める。1995～6年環境事務次官。現在、一般財団法人大蔵財務協会顧問。

主な著書『倭　古代国家の黎明』『戦国乱世と天下布武』『頼朝と尊氏』（大蔵財務協会刊）

幕末・明治激動の25年　明治維新の実像

令和３年４月７日　初版印刷
令和３年４月20日　初版発行

著者　和　邦夫

（一財）大蔵財務協会　理事長
発行者　木村幸俊

発行所　一般財団法人　大蔵財務協会
〔郵便番号　130-8585〕
東京都墨田区東駒形1丁目14番1号
（販売部）TEL03（3829）4141・FAX03（3829）4001
（出版編集部）TEL03（3829）4142・FAX03（3829）4005
http://www.zaikyo.or.jp

乱丁・落丁はお取替えいたします。　印刷　恵友社
ISBN978-4-7547-2888-5